Schibri-Verlag

LUTZ VON WERDER

KREATIVES SCHREIBEN IN DEN WISSENSCHAFTEN

FÜR SCHULE, HOCHSCHULE UND ERWACHSENENBILDUNG

SCHIBRI VERLAG BERLIN • MILOW

Die Deutsche Bibliothek - CIP-Einheitsaufnahme

Werder, Lutz von
Kreatives Schreiben in den Wissenschaften :
für Schule, Hochschule und Erwachsenenbildung /
Lutz von Werder. - Berlin ; Milow : Schibri-Verl.., 1992
ISBN 3-928878-00-x

Bestellungen über den Buchhandel, oder direkt bei
Matthias Schilling
Meiniger Str. 4
1000 Berlin 62
Tel.: 030/7811934

© 1992 by Schibri-Verlag
Matthias Schilling
Dorfstraße 60
O-2151 Milow

Druck: WB-Druck, Rieden
Umschlaggestaltung: Otto Kummert, Berlin

ISBN 3-928878-00-x

Inhalt

Dieses Buch ist der staatlichen Fachhochschule für Sozialarbeit und Sozialpädagogik (Berlin) gewidmet, weil sie als erste deutsche Hochschule Forschungen zum "Kreativen Schreiben in den Wissenschaften" gefördert hat.

»Bei der Inspiration ist es für mich
das eigentliche Überraschende, daß
ich mich an etwas erinnere, von
dem ich nicht wußte, daß ich es
wußte« (ROBERT FROST)

Einleitung: Kreatives Schreiben eine neue Methode um wissenschaftlich zu lernen

Kreatives Schreiben im Fach Deutsch der Schule oder im Fachgebiet Germanistik an der Universität ist heute schon recht verbreitet (vgl. R.A. RAU (Hrsg.): Kreatives Schreiben an Hochschulen. Tübingen 1988, L.v. Werder: Lehrbuch des kreativen Schreibens. Berlin 1990). Allerdings fehlt in Deutschland bisher der Versuch, kreatives Schreiben in den Geistes-, Sozial- und Naturwissenschaften als neue Lehr- und Forschungsmethode einzusetzen.

In den USA gibt es seit 15 Jahren Versuche, das kreative Schreiben in den Wissenschaften als moderne Lernmethode zu nutzen. Diese Versuche laufen unter dem Titel "Writing across the Curriculum." (N. MARTIN u.a.: Writing and Learning across the Curriculum. New York 1979, E. MAIMON: Writing and Learning in the Arts and Science. Bosten 1981, E. LINDEMANN: Bibliography of Composition and Rhetoric. Carbondale 1991, S. 34-94 u. 135-147).

Heute gibt es in den USA und Canada 418 Hochschulen, die über Jahre ein Programm "Writing across the Curriculum" mit Erfolg anbieten. Innerhalb von 10 Jahren sind aus 40 Hochschulen 418 geworden, die kreatives Schreiben in den Wissenschaften anbieten (vgl. S. H. McLEOD: Writing across the Curriculum: The second Stage. In: College Composition and Communication, Vol. 40, 3, 1989, S.338).Diese Entwicklung zeigt, daß mit Hilfe des kreativen Schreibens das Lernen von Wissenschaften in allen Fächern spannender, persönlicher, gründlicher und unterhaltsamer wird. Jeder Schreiber ist zugleich auch Forscher. Selten schreibt jemand nur das auf, was er schon weiß. Oft kann er nur schreiben, wenn er etwas neues erarbeitet und sich schon mit der Wissenschaft intensiv auseinandergesetzt hat. Seit der frühesten Kindheit erforscht jeder seinen Alltag. Kreatives Schreiben ist das Medium für die Erforschung der Erwachsenenwelt und ihrer Wissenschaften (vgl. A. Hoffmann: Research for Writers. London 1987, S. 1-4). Kreatives Schreiben sorgt für die Einbeziehung der Kräfte der rechten Gehirnhälfte und des Unbewußten in den Forschungsprozeß (C. Theiss: Write to the Limit. Fort Worth 1991, S. 25-28). Wie Einstein, Kukulè und andere Wissenschaftler bezeugt haben, braucht Forschung eine methodische Einbeziehung der Phantasie, die kreatives Schreiben anstrebt. Mit kreativen Methoden wird nicht nur besser geschrieben, das Geschriebene wird durch das Vorlesen, Diskutieren und Revidieren der Texte auch zu einem Ereignis in der Klasse und im Seminar. Das Lernen durch Schreiben macht das Lernen jederzeit öffentlich: denn Geschriebenes und Vorgelesenes findet sein Auditorium. Ist sonst nur der Lehrer, der Professor oder der Erwachsenenbildner Leser der wissenschaftlichen Texte des Nachwuchses, so wird mit dem wissenschaftlichen Schreiben die Altersgruppe und die innere wissenschaftliche Szene Teilnehmer an den wissenschaftlichen Artikulationsversuchen der neuen Generation oder lernwilliger Erwachsener. Durch das Schreiben ordnet sich das Denken, klären sich Gefühle, werden wissenschaftliche Gedanken zum Bestandteil der eigenen Sprach- und Deutungsmuster. Wissenschaft wird durch kreatives Schreiben zur Praxis im Alltag. Viele Alltagspraxen erhalten durch kreative Schreibmethoden ihren logischen und kommunizierbaren Inhalt. Die Schüler, Studenten und Erwachsene interessieren sich mehr für Inhalte, über die sie schon geschrieben haben oder an deren Entstehung sie schreibend teilgenommen haben, als für Inhalte ,die ihnen bloß vorgetragen werden. Durch das kreative Schreiben entsteht für den Lehrer, den Professor oder den Erwachsenenbildner keine Mehrarbeit. Sie brauchen nicht alle Texte, die Sie angeregt haben, lesen und korrigieren. Die Texte werden in Auswahl im Seminar oder in der Klasse vorgelesen, diskutiert und dabei zugleich kollektiv veröffentlicht, kritisiert und korrigiert. Die Klasse, das Seminar oder der Weiterbildungskurs produziert mit kreativem Schreiben wissenschaftliche Inhalte selber. Damit wird der Frontalunterricht abgebaut. Erfahrungsbezogenes Lernen kann durch kreatives Schreiben in eindruckslose Seminarräume einkehren. Allerdings darf diese Methode nicht überdehnt werden. Alle anderen wissenschaftlichen Lern- und Forschungsmethoden behalten ihr Recht, Sie werden aber, kombiniert mit kreativem Schreiben, viel spannender und interessanter. Besonders bei Hausarbeiten und Examensarbeiten können die Methoden des kreativen Schreibens sehr erfolgreich benutzt werden.

Wenn heute 50% aller Schul- und Studienabbrecher am Schreiben scheitern, kann diese Hürde durch kreatives Schreiben, das die Angst vor dem Schreiben nimmt, niedriger werden.

Wenn heute 20% der alphabetisierten Jugendlichen Lesen und Schreiben unter dem Druck der neuen Medien wieder verlernen, eröffnet das kreative Schreiben die Möglichkeit der Reaktivierung der vom Verfall bedrohten wichtigsten Kulturtechnik. Kreatives Schreiben könnte zum Konkurrenten für das Fernsehen werden. Kreatives Schreiben sorgt, wie das Fernsehen, dafür, daß Unterhaltung und Unterricht verbunden werden. Kreatives Schreiben schafft aber nicht passive Konsumenten, sondern es stellt jeden Teilnehmer plötzlich in einen produktiven Mittelpunkt. Kreatives Schreiben motiviert dazu, daß jeder Teilnehmer sein eigenes Buch schreibt. Das ist etwas, was das Fernsehen nicht vermag, das letztendlich nur einen Berg vergangener Zeit produziert, an den man sich kaum mehr erinnern kann (Vgl. N. POSTMANN: Wir amüsieren uns zu Tode. Frankfurt 1988, S. 174ff). Kreatives Schreiben kann zu einem wichtigen Mittel der Beratung von Schülern, Studenten und Erwachsenen werden. Es kann Schüler, Studenten, Erwachsene bei Schul- und Studienkrisen stabilisieren, weil es ihre Schreibblöcke und Schreibkrisen bearbeiten hilft.

Einmal pro Woche sollte in jeder Klasse und in jedem Seminar eine kleine Schreibübung den Unterricht auflockern, Spaß verbreiten und das "Spielende Lernen" in den Wissenschaften unterstützen. Wissenschaften können durch kreatives Schreiben ihre literarischen und künstlerischen Aspekte ausbreiten und interdisziplinäre Brücken zwischen Kopf und Schönheit bauen. Auch im 45-Minuten-Zeittakt der Schulstunde ist kreatives Schreiben machbar. In diesem Buch lassen sich viele Experimente, Spiele und Übungen finden, die gut im Schulunterricht praktizierbar sind. Jeder Lehrer kann innerhalb von 45 Minuten folgendes machen: Beginnen Sie mit 3-5 Minuten Free-Writing, lassen Sie dann vorlesen und diskutieren. Schreiben Sie alternativ 3-5 Minuten in Kleingruppen zu speziellen Themen und lassen Sie dann die entstandenen Texte im Plenum vorlesen und zusammenfassen. Oder unterbrechen Sie den Unterricht plötzlich für eine Fünf-Minuten-Schreibübung mit folgender kurzer Textdiskussion. Oder lassen Sie die wissenschaftlichen Journale der Schüler, oder der Studenten in der Klasse oder im Seminar zu Wort kommen, um die innere Welt des wissenschaftlichen Lernens kommunizierbar zu machen. Für weitere Vorschläge steht Ihnen das Buch umfassend zur Verfügung. Denn: auch im

Grundstudium oder am Studienabschluß kann das kreative Schreiben den Studienerfolg, in Kursen vermittelt, sichern helfen.

Kreatives Schreiben kann sich jeder Lehrer, Professor oder Erwachsenenbildner auch selber aneignen. Das vorliegende Buch bietet viele Anregungen zum Selbstversuch als Vorstufe zum Unterrichtsversuch. Sollten Sie Interesse an einem Training im kreativen Schreiben in den Wissenschaften haben, so wenden Sie sich bitte an das "Institut für kreatives Schreiben Berlin - PTI" c/o Lutz v. Werder, 1000 Berlin 30, Bamberger Str. 52).

Auch der Computer kann beim kreativen Schreiben in den Wissenschaften angewandt werden. Er hilft als Schreibmaschine, als Journal und Notizbuch, als Grafikspender, als Korrekturhilfe, als Ordnungshilfe, als Prüfer der Rechtschreibung, als Auswechsler von Sprach- und Stilklischees (vgl. R. HAMMOND: The Writer and the Wordprocessor. London 1984).

Das vorliegende Buch stützt sich ausschließlich auf amerikanische Literatur. Es bietet die Methode des Journalschreibens, wissenschaftliche Schreibspiele, kreative Methoden des Schreibens für Examensarbeiten, exemplarische Curricula des kreativen Schreibens in den Fächer Geschichte, Psychologie, Biologie, Soziologie, Erdkunde, Politologie, Mathematik Pädagogik und interdisziplinäres Schreiben an. Alle aufgeführten kreativen Spiele sind in der Einzel- oder der Gruppenarbeit einsetzbar.

Jede längere Gruppensitzung im kreativen Schreiben zerfällt üblicherweise in die Abschnitte:

---

① Vorstellung des Schreibspiels
② Schreiben
③ Textüberarbeitung
④ Text vorlesen, diskutieren und kritisieren.

Bei der Textdiskussion sollten vier Regeln eingehalten werden:

---

① Genau und mit Interesse zuhören
② Fragen stellen
③ Gefühle der Gruppe und Einzelner thematisieren
④ Resultate der Textdiskussion fixieren

Systematisch läßt sich nun folgendes Tableau des Einsatzes der Methoden und Szenarien des kreativen Schreibens in den Wissenschaften nach Anbieterinstitution und nach dem Niveau des wissenschaftlichen Lernanspruchs entwickeln.

Curriculares Tableau des kreativen Schreibens in den Wissenschaften

Stufe	Wissenschaftliche Journale	Wissenschaftliche Schreibspiele	Systematische Schreibtechniken	Curricula	Interdisziplinäres Schreiben
Sekundarstufe I/II der Oberschule	X	X		X	
Grundstudium der Universitäten	X	X		X	
Volkshochschulen und Kulturarbeit	X	X		X	
Diplom- und Magisterarbeiten an Universitäten und Hochschulen			X X		X X
Arbeiten an interdisziplinären Forschungsinstituten					X

Dieses Tableau läßt sich folgendermaßen kommentieren:

Wissenschaftliche Journale (Kapitel 1), wissenschaftliche Schreibspiele (Kapitel 2) und kreative Curricula (Kapitel 4) sind besonders gut für Einführungssituationen in das wissenschaftliche Denken geeignet. Sie können also in Sekundarstufe I und II der Oberschule, im Grundstudium der wissenschaftlichen Fächer der Universitäten und in Einführungskursen der Volkshochschule und der Kulturarbeit eingesetzt werden. Man sollte kreative Schreibkurse immer mit Spielen beginnen, denen sich curriculare

13

Elemente anschließen und man sollte die Kursteilnehmer gleichzeitig auf die Führung von wissenschaftlichen Journalen orientieren.

Systematische Methoden für größere wissenschaftliche Arbeiten (Kapitel 3) geben gute Hilfen für Einzelne und für Gruppen, die sich auf die Abfassung einer wissenschatflichen Abschlußarbeit (Diplom- oder Magisterarbeit) an der Universität oder an Hochschulen vorbereiten.

Interdisziplinäre Schreibwerkstätten sind als Aufbaustufen des kreativen Schreibens in den Wissenschaften geeignet. Wer in interdisziplinären Schreibwerkstätten mitarbeitet, sollte die Grundstufe des kreativen Schreibens in Wissenschaften (Spiele, curriculare Elemente, Journale, vielleicht auch schon Diplom- oder Magisterarbeiten) absolviert haben. Interdisziplinäres Schreiben eignet sich besonders gut für interdisziplinäre Forschungsinstitutionen der Wirtschaft und für interdisziplinäre Forschungsprojekte an Hochschulen mit graduierten Teilnehmern.
Die Aneignung wissenschaftlicher Schreibkompetenz über kreative Schreibmethoden und Schreibszenarien vollzieht sich in einem Lernprozeß, der folgende Stufen umfaßt:

1. Inspiration
Entwicklung eines groben Schreibkonzeptes. Dabei kann es zu Erfahrung von Schreibblöcken und kreativer Unsicherheit kommen. Die wissenschaftliche Selbstbetroffenheit wird entdeckt.

2. Inkubation
Schaffung von Schreibstimuli am konkreten Material. In dieser Phase können sich Schreibblöcke auflösen. Es entwickeln sich erste Orientierungen im thematischen Umfeld des Schreibens und es kommt zur Vertiefung der wissenschaftlichen Selbstbetroffenheit.

3. Illumination
Entwicklung eines differenziellen Schreibkonzeptes. In dieser Phase können schematische Schreibmuster auftauchen und die Gefahr entstehen, daß sich das Denken oft nur noch auf den Begriff stützt und sich von Empirie und Erfahrung zurückzieht.

4. Verifikation

Rohentwurf und Überarbeitung wissenschaftlicher Texte. Nun bilden sich entwickelte Schreibkonzepte heraus. Die Emotionen beim Schreiben und die rationale Textkritik können nun in eine ausgeglichene Balance kommen. Der einzelne Schreiber sollte in der Gruppe und auch im autodidaktischen Training durchaus einen Begriff von den Krisen des wissenschaftlichen Lernens besitzen (vgl. J. A. SCHÜHLEIN: Selbstbetroffenheit. Über Aneignung und Vermittlung sozialwissenschaftlicher Kompetenz. Frankfurt 1977).

Der Leiter von Schreibwerkstätten wird keine kontrollierende oder zensierende Rolle spielen. Er sollte vielmehr die Kreativität anregen und alle entstehenden Texte als Produkte eines langen Lernprozesses der Schüler bzw. Studenten betrachten (vgl. C. M. ANSON: Response Styles and Ways of Knowing. In: C. M. ANSON (Hrsg.): Writing and Response. Urbana 1989, S. 351).

Der Leiter kann die Zahl und die Länge der Texte als Ausdruck des Engagement eines Schülers bzw. Studenten besonders loben, wird sich aber jeder Bewertung enthalten (vgl. T. FULWILER: Responding to Student Journals. In: C. M. ANSON, a.a.O., S. 170). Die effektivste Haltung eines Schreibwerkstättenleiters bei der Textanleitung und bei der Textdiskussion läßt sich durch das Modell der "nicht-direktiven-Beratung" von Carl Rogers illustrieren (vgl. C. R. ROGERS: Die nicht-direktive-Beratung. München 1976, S. 117f).

Nach Rogers lassen sich besonders gute Beratungserfolge erzielen, wenn der Leiter folgende Eigenschaften in die Kommunikation in Schreibgruppen einbringt: positive Wertschätzung, Echtheit und Wärme. Mit dieser Haltung kann der Leiter bei der Textdiskussion folgende Aufgaben erfüllen:

- Er kann Strukturen in Texten herausarbeiten.
- Er kann zur Klärung von Textinhalten beitragen.
- Er kann auf neue Zusammenhänge hinweisen.
- Er kann auf frühere Aussagen zurückkommen.
- Er kann Zusammenfassungen versuchen.

(vgl. D. THOMAS, G. THOMAS: The Use of Rogerian Reflections in Small Group Writing Conferences. in: N. M. ANSON, a.a.O., S. 122).

Das vorliegende Buch entstand im Rahmen des Forschungsprojekts "Kreatives Schreiben in den USA". Dieses Forschungsprojekt wird durch Mittel der Fachhochschule für Sozialarbeit und Sozialpädagogik Berlin unterstützt. Besonderen Dank für Anregungen und Unterstützung der Forschungsarbeit gebührt Thomas Rehork. Matthias Schilling danke ich für die Betreuung des Buches.

Oktober 1991   Lutz von Werder

»Die Kaufleute haben ihr waste
book (Sudelbuch, Klitterbuch
glaube ich im Deutschen), darin
tragen sie von Tag zu Tag alles ein,
was sie kaufen und verkaufen, alles
durcheinander ohne Ordnung...
dieses verdient von allen Gelehrten
nachgeahmt zu werden«
(G.C. LICHTENBERG)

1 Wissenschaftliche Journale

Der Umgang mit der Wissenschaft erfordert das wissenschaftliche Schreiben. Die beste Form in Schule, Hochschule, Erwachsenenbildung wissenschaftliche Schreiben zu beginnen, stellt das Führen eines wissenschaftlichen Journals dar. Alle großen Wissenschaftler haben mit solchen Journalen gearbeitet. Man denke nur an Darwin, Freud, Einstein. Mit einem Journal können Sie Ihre Sicht der Dinge und Probleme niederlegen. Sie sortieren Ihre Erfahrungen, ordnen Ihre Gedanken und Gefühle. Ein Journal ist eine Mischung aus Tagebuch und Notizbuch. "Wie im Tagebuch wird im Journal in der ersten Person (Ich) über Ideen geschrieben, die dem Schreiber wichtig sind, aber wie das klassische Notizbuch befaßt sich das Journal mit einer Wissenschaft, über die der Schreiber mehr erfahren möchte." (A.W. BIDDLER, D.J. BEAN: Writers Guide: Life Science. Lexington 1987, S.16) Das Journal ist also persönlich und wissenschaftlich zugleich. Im Journal können Sie so schreiben, wie Sie Ihre wissenschaftliche Welt wahrnehmen. Wichtig ist nur, daß Sie häufig und kontinuierlich Ihr Journal führen in einer Sprache, die Ihnen gefällt und die Ihnen einen persönlichen Ausdruck ermöglicht. Ein Journal ist ein Schatzhaus, ein Lager, eine Sammlung, ein Fotoalbum mit Schnappschüssen, ein Laboratorium für Experimente, ein Schrank, eine Pinnwand, eine psychoanalytische Couch, ein Tonband, ein unabgeschickter Brief, ein Brief an sich selbst, ein Stück Autobiographie, ein Reiseführer und ein Buch über Ihre spirituellen Krisen (K. MACRORIE: Writing to be Read. Portsmouth 1984, S. 159-161).

Ein gutes Beispiel für die Funktion von Journalen bieten die Notzbücher Leonardo da Vincis (1452-1519). Mit Hilfe seiner Notizbücher, von denen heute noch ein Konvolut von 4000 Blatt erhalten ist, konnte er seine Fähigkeiten vervollkommnen. Er beginnt mit Notizen zu Kriegsmaschinen und entwickelt dann aus diesen Notizen "geistreiche Erfindungen aller Art" (K. CLARK: Leonardo da Vinci. Reinbek 1969, S. 60). Leonardo entwickelte aus seinen Notizen "systematische Traktate", in denen er sich oft drei Fragen stellte: Erstens: wie ist eine Maschine konstruiert? Zweitens: welche Grundprinzipien der Dynamik liegen der Funktion der Maschine zugrunde? Drittens: welche Fragen wurden an die Technik bisher noch nicht gestellt? Seine große Belesenheit spiegelt sich in seinen Notizbüchern: "Seine Notizbücher sind wie das Ergebnis eines chinesischen Examens, in dem, wie man sagt, der Prüfling allein im Raum sitzend, alles niederschreibt, was er weiß" (K. Clark, a.a.O., S. 62). In seinen Notizbüchern probiert Leonardo alle Beweise für seine Überlegungen mehrmals durch. Später bearbeiten seine Notizbücher Probleme der Architektur, der Stadtplanung, der Dekoration, der Kostüme der Schauspieler und Maskeraden, der Erfindung von Allegorien und Emblemen. Er sammelt in seinen Notizen, Fabeln, Prophezeihungen, Grotesken und Karikaturen. Seine Studien zur Anatomie und zur Bewegung des Lichtes finden sich gegen Ende seiner Notizbücher. Diese Notizbücher verbinden ständig in programmatischer Weise Text und Bild, wie auch Bild und Text und machen die Verbindung von Anschauung und Begriff zum Grundanliegen eines forschenden Denkens. In den Notizbüchern entwickelt Leonardo keine Systematik. Er wird als früher Renaissance-Wissenschaftler von einem Gefühl für eine natürliche Ordnung geleitet, in der alle Beobachtungen gleich wichtig waren. Die Notizbücher wurden das wichtigste Hilfsmittel Leonardos, um einen ganz modernen Drang nach ungestillter Wißgier ohne allen Zwang und kirchliche Bevormundung ausleben zu können. In seinen Notizbüchern entdeckt er seinen wissenschaftlichen Kosmos völlig neu. So wurden seine Notizbücher zur Basis für sein Universalgenie. **Aufgabe:** Legen Sie sich ein Journal an. Eröffnen Sie zwei Abteilungen: Erste Sektion: Persönliches, zweite Sektion: Wissenschaft. In der Schule werden sich im Journal viele Jugendprobleme und ein Reigen vieler wissenschaftlicher Fachkenntnisse mischen können. An der Universität läßt sich nach einiger Übung die Sektion wissenschaftliche Eintragungen spezialisieren. Es können folgende Journalabschnitte eröffnet werden:

> a. Quellen
> b. Forschungsmethoden
> c. Lesefrüchte
> d. Arbeitshypothesen

(S.M. HUBBUCH: Writing Research Papers across the Curriculum. Fort Worth 1989, S. 13f)

Am Anfang wird das Journal aber eine breite Mischung von folgenden Texten anbieten: Beobachtungen, Spekulationen, Fragen, Zusammenhänge, Dialoge zwischen Lehrer, Professor, Erwachsenenbildnern und ihren Klienten, Informationen, Darstellung und Lösen von Problemen, Synthesen unterschiedlicher Standpunkte in der Wissenschaft (vgl. P.K. JASON, A.B. LEFCOWITZ: Creative Writers Handbook. Englewoods Cliffs 1990, S. 15f., T. FULWILER: The Journal Book. Portsmouth 1987, S. 25ff).

D.M. Murray schrieb in sein Journal folgende Texte:

"Fragen, die auf Antwort warten
Fragmente einer Seele, die ihre Stimme sucht
Hundert einzelne Zeilen
Hundert Überschriften
Notizen von Reden und von Büchern
Kurzfassungen
Gliederungen
Ideen für Geschichten, Artikel und Papers
Diagramme
Beobachtungen
Zitate
Titel von Büchern, die mal zu lesen wären
Notizen über Gehörtes
Bilder, die überdauern sollten
Briefe
Listen
Arbeitsvorlagen für den Unterricht."
(D.M. MURRAY: Write to Learn. Fort Worth 1990, S. 11)

Das Führen eines Journals kann den Schreiber lehren, wer er ist, woher er kommt und wohin er will. Es leistet ein wenig Selbstanalyse und Selbsterfahrung in wissenschaftlichen Lernprozessen (vgl. L.v. WERDER: Alltägliche Selbstanalyse. Weinheim 1990).

Über eine gewisse Zeit geführt, deckt das Journal ein Stück des Prozesses der eigenen Selbstentwicklung auf. Es macht auch deutlich, wo sich eigene Positionen veränderten, wo die eigenen Gedanken sich erneuerten und alte Ideen revidiert werden mußten. Das Journal wird so zum Zentrum wissenschaftlich reflektierter Persönlichkeitsentwicklung und systematischen Selbststudiums. Es bietet ein gutes Gegengewicht gegen Identitätsdiffusion in der Schule und Massenpanik in den überfüllten Hochschulen (T. Fulwiler: Responding to Student Journals. In: C.M. Anson (Hrsg.): Writing and Response. Urbana 1989, S. 149-173).

Übung 1: Versuchen Sie eine Woche lang ein Journal zu führen.

Übung 2: Nachdem Sie das Journal eine Woche geführt haben, stoppen Sie die Eintragung für eine Woche. Nehmen Sie dann das Journal wieder zur Hand, suchen Sie sich die besten Eintragungen heraus und fertigen Sie aus diesen Eintragungen einen kleinen Text, der Ihnen Spaß macht

Übung 3: Nach zwei Wochen beginnen Sie mit dem Journal erneut. Schreiben Sie eine weitere Woche jeden Tag: Einmal über Ihre persönliche Entwicklung, zum anderen über Ihre wissenschaftlichen Erfahrungen. Nach einer Woche schreiben Sie einen weiteren Text, der Ihre wichtigsten wissenschaftlichen Erlebnisse dieser Woche in Ihrer persönlichen Wahrnehmung schildert.

Übung 4: Führen Sie eine Woche ein Journal einspaltig. Nach einer Woche lassen Sie die leere Spalte durch einen Klassen- oder Semesterkameraden kommentieren, der Ihnen seine einspaltige Eintragung in seinem Journal zum gleichen Kommentar übergibt.

Übung 5: Lehrer und Schüler bzw. Studenten und Professoren oder Erwachsenenbildner und Erwachsene führen einspaltige Wochenjournale und tauschen Sie dann zum gegenseitigen Kommentar aus. Damit wird eine Nähe in der Identitätsbildung möglich, die sonst im wissenschaftlichen Alltag völlig fehlt.

Übung 6: Benutzen Sie Ihr Journal, um Themen aus folgenden Bereichen zu erarbeiten: Erinnerungen, Eindrücke und Beobachtungen, menschliche Beziehungen, Probleme und Herausforderungen, Wissensbestände, wichtige Augenblicke, beunruhigende Ereignisse (J. Blum u.a.: A Guide to the whole Writing Process. Boston 1988, S. 7-9).

»Die Erlaubnis zum Schreiben ist eine Erlaubnis zum Denken. Das Schreiben kann sehr gut benutzt werden, um Probleme zu lösen«
(D. WORSLEY)

2 Wissenschaftliche Schreibspiele

Um das kreative Schreiben weiter anzuregen, gibt es eine große Anzahl von wissenschaftlichen Schreibspielen, die im folgenden exemplarisch vorgestellt werden sollen (vgl. die Ausführung über wissenschaftliche Schreibspiele in D. WORSLEY, B. MAYER: The Art of Science Writing. New York 1989, S. 38-77). Die folgenden wissenschaftlichen Schreibspiele werden ohne einen besonderen Bezug zu einer Wissenschaft vorgestellt (dabei gibt es natürlich Ausnahmen) und sollten beim Einsatz im Unterricht aus der entsprechenden Fachperspektive "umgedichtet" werden.

Witzige Fragen zur Evolution
Legen Sie eine Liste zur Evolution vor. Die Spielteilnehmer sollen sich eine Frage heraussuchen, schriftlich beantworten und ihre Ergebnisse danach vorstellen. Folgende Fragen, die beliebig zu erweitern sind, sind hier möglich:

Wie, glauben Sie, hat alles Leben auf der Erde begonnen?
Warum ist die Antike untergegangen?
Seit wann gibt es einen militärisch-industriellen Komplex?
Wann werden die Menschen die Gesellschaft lenken können?
Wird es einen Atomkrieg geben?
Warum hat die Wissenschaft so wenig Einfluß auf das Alltagsleben?

Kooperation
Die Teilnehmer teilen sich in Paargruppen auf. Es wird ein kurzer wissenschaftlicher Text vorgelegt. Jeder Teilnehmer schreibt eine Zusammenfassung des Textes, der dann wechselseitig kommentiert wird.

Traumhilfen
Die Mitglieder einer Studiengruppe verabreden, daß Sie am Abend vor dem Schlafengehen den selben kurzen wissenschaftlichen Text lesen und am Morgen aufschreiben, was Sie zu diesem Text geträumt haben.

Imaginäre Wissenschaftsgeschichte
Entwerfen Sie einen Wissenschaftler bzw. eine Wissenschaftlerin, sein/ihr Forschungsgebiet, sein/ihre Forschungsmethode und sein/ihr Forschungsinstitut und beschreiben Sie dann in einer Kurzgeschichte seine/ihre größte Entdeckung.

Historische Plätze
Wählen Sie einen städtischen Platz, der Ihnen gut gefällt. Beschreiben Sie dann die Entwicklung dieses Platzes vom Anfang der Welt bis heute.

Botschaften an einen anderen Planeten
Fassen Sie die für Sie wichtigsten Ergebnisse einer Wissenschaft für eine Botschaft an einen anderen Planeten und deren Bewohner zusammen. Sie können dafür auch Formeln oder kleine Grafiken benutzen.

Übersetzung
Wählen Sie eine wissenschaftliche Hypothese und schreiben Sie dann einen Text, der von einem Kind oder einem Analphabeten leicht verstanden werden könnte.

Wissenschaftliche Projekte der Zukunft
Beschreiben Sie ein Forschungsprojekt, das bisher ungelöste wissenschaftliche Probleme lösen könnte, z.B. den Zeitpunkt des Urknalls, den ersten Krieg der Weltgeschichte, eine Therapie für Aids-Kranke, den Anfang des Konflikts zwischen Mann und Frau, das Ende des Patriachiats.

Geschichte der eigenen Ideen
Verschaffen Sie sich einen Überlick, welche wissenschaftlichen Ideen Sie bisher überzeugt haben.
Schreiben Sie ein kleines Gedicht über den Einfluß, den diese Ideen auf Ihr Leben gehabt haben.

Gegenseitige Hilfe
Um das Darwinsche Konzept des Überlebens der Tüchtigen zu diskutieren, legen Sie eine Liste darüber an, was in Ihrem Leben nur möglich war, durch die Untersützung anderer Menschen. Schreiben Sie dann ein kleines Loblied auf diese Menschen.

Peripathetische Wissenschaft
In der Philosophenschule des Aristoteles in Athen wurden wichtige Themen auf Spaziergängen abgehandelt. Schlagen Sie einen Spaziergang vor,

nennen Sie ein Thema, das auf diesem behandelt werden soll und lassen Sie nach dem Spaziergang die Ergebnisse der peripathetischen Diskurse schriftlich zusammenfassen.

Lyrische Wissenschaft

Verwandeln Sie wichtige Gedanken Ihrer Wissenschaft in Knittelverse (vgl. W. WEISCHÄDEL: Auch eine Philosophiegeschichte. Darmstadt 1974), in Sonette, in Akrostichons, in Volkslieder, Haikus usw. Beginnen Sie mit einem Akrostichon zum Begriff Biologie, Physik, Chemie, Philosophie, Soziologie, oder Psychologie. (Kleiner Hinweis: Ein Akrostichon entsteht dann, wenn man die Buchstaben eines Namens zum jeweiligen Anfang der Zeilen eines Gedichts macht.)

Angewandte Wissenschaft

Stellen Sie technische Alltagsgegenstände vor (Radio, Fernseher, Kassettenrecorder, Video, Kühlschrank usw.) und lassen Sie genau beschreiben, wie sie funktionieren.

Private wissenschaftliche Tagebücher

Die Teilnehmer werden aufgefordert, Tagebücher über ihre wissenschaftliche Arbeit zu führen. Am Semesterende werden die Tagebücher vorgelesen.

Ethymologische Untersuchungen

Mit Hilfe eines ethymologischen Wörterbuchs (z.B. von der Dudenredaktion) werden die sprachgeschichtlichen Ableitungen wichtiger wissenschaftlicher Begriffe aufgesucht. Da die meisten wissenschaftlichen Begriffe aus dem Lateinischen stammen, kann nach dem Finden des wissenschaftlichen Ursprungsbegriffes eine kleine imaginäre Geschichte geschrieben werden, wie z.B. lateinisch Scire zu Science, Technologica zu Technik oder griechisch Mauthaneien zu Mathematik wurde.

Zwei Sprachen

Nehmen Sie einen kurzen wissenschaftlichen Text und übersetzen Sie ihn in Alltagssprache, in eine lyrische Sprache oder in die Sprache einer anderen Wissenschaft.

Vier wissenschaftliche Worte

Legen Sie vier wissenschaftliche Begriffe vor, die in einem selbstverfaßten Gedicht wieder auftauchen müssen. (Kleiner Hinweis: Ein Gedicht ist ein Text, der linksbündig ist und rechts Flattersatz besitzt.)

Wissenschaftliche Lyrik

Nehmen Sie einen kurzen wissenschaftlichen Text und verwandeln Sie ihn in ein lyrisches Satzbild (links bündig - rechts Flattersatz).

Wissenssoziologie

Jeder Teilnehmer sollte zehn wissenschaftliche Fragen aufschreiben. Sie kursieren in der Schreibrunde. Jeder Teilnehmer kennzeichnet die Frage, die er beantwortet haben möchte. Der Teilnehmer soll dann schriftlich niederlegen, wie er das Wissen erlangen wird, das er zur Beantwortung der am häufigsten angekreuzten Frage braucht.

Eindeutschen

Lateinische Fachbegriffe werden vorgestellt. Es wird dann versucht, den Begriffsinhalt mit einigen deutschen Worten zu beschreiben.

Das verschwundene Objekt

Aus einer Wissenschaft werden Begriffe verlost. Sie werden beschrieben, ohne daß der gewählte Begriff genannt werden darf. Die Texte werden vorgelesen und der ungenannte Begriff muß geraten werden.

Frage und Antwortspiel

Es werden Pärchen gebildet. Beide Partner schreiben vier Fragen auf und erwarten, daß der andere sie schriftlich beantwortet.

Da-Da-Wissenschaften

Verteilen Sie einen kurzen wissenschaftlichen Text. Er wird in kleine Satzteile zerschnitten, in eine Tüte getan, geschüttelt und auf den Tisch gekippt. Wie die Teile fallen, so werden sie zu einem neuen Text aufgeklebt. Diese Methode entstammt der literarischen Strömung des Dadaismus und wird Ihnen ganz neue Einsichten in wissenschaftliche Texte eröffnen.

Brückentexte

Kreatives Schreiben in den Wissenschaften beginnt mit spielerischen und expressiven Texten. Um von der begrenzten Ich-Perspektive zur objektiven Wir-Perspektive des wissenschaftlichen Diskurses zugelangen, bietet sich das Schreiben von sogenannten "Brückentexten" an. Drei typische Brücken-Text-Spiele folgen als Beispiel.

Familiengeschichten

Mit dem Aufschreiben der eigenen Familiengeschichte wird die Entwicklung, Normierung und Wertung unserer primären Sozialisation dargestellt. Lassen Sie jedes Mitglied im Kurs seine Familiengeschichte (sein Leben in der Familie im Alter von 0 bis 18 Jahren) aufschreiben. Bilden Sie dann im Kurs Untergruppen, die jeweils drei Personen umfassen. Einer aus der Dreiergruppe liest nun jeweils seine Geschichte vor, während die anderen anhand einer vorgelegten Checkliste prüfen, welche Leistungen die jeweilige Familiengeschichte erbringt. Hier die Checkliste:

Die gehörte Familiengeschichte
1. reflektierte die Normen und Werte der Familie
2. überzeugte die Familienmitglieder, daß Sie etwas besonders sind (Ethnozentrismus)
3. kreierte Familienmythen
4. vermittelte Waffen zum Kampf mit der bösen Welt
5. war Teil einer besonderen Tradition oder eines Rituals
6. reflektierte die besondere Rolle der Frauen als Hüterinnen der Reproduktionssphäre
7. definierte wie nah sich Familienmitglieder fühlen müssen und wie weit sie sich entfernen können
8. kreiste um die großen Themen der Literatur (Abenteuer, Reisen, Liebe, Geld, Tod, Krankheit, Irrsin)
9. verteilte Rollen und soziale Positionen, die sich aus der Familienstruktur und nicht aus individuellen Bedürfnissen ergaben
10. verstärkte die Geschlechtsidentität
11. führte Rollenmodelle ein
12. konnte Individuen von bewußten oder unbewußten Schuldgefühlen befreien

(diese Liste stammt aus: E. STONE: Black Cheep and Kissing Coussins: How our Family-Stories chape us. New York 1988).

In einem Kurs über Familiengeschichten ergab sich nach Überprüfung mit der Checkliste folgendes Ergebnis: Alle genannten Aspekte wurden in den Familiengeschichten angesprochen. Dominant war aber die große Zahl der Familiengeschichten, die die großen Themen der Literatur berührten (Aspekt 8). Die meisten Familiengeschichten gingen auf die Rolle der Frau als Hüterin der Reproduktionssphäre nicht ein (Aspekt 6). Solche Ergebnisse können den Spielteilnehmern zeigen, "daß ihre individuellen Geschichten nicht nur akademische Bedeutung haben, sondern auch die Basis für die Entwicklung wissenschaftlicher Hypothesen über familiäre

Sozialisation darstellen können." (I. DEAMMRICH: A Bridge to Academic Discourse. In: College Composition and Communication 40, 3 (1989) S. 345)

Beobachtungsberichte
Beobachtungsberichte können den Schreiber motivieren, sich mit den verschiedenen vorwissenschaftlichen Deutungs- und Errinnerungsmustern auseinanderzusetzen, die seine wissenschaftliche Wahrnehmung beeinflussen. Stellen Sie folgende **Aufgabe:**
Besuchen Sie eine Ausstellung und fassen Sie einen Beobachtungsbericht ab.

Beim Besuch einer Ausstellung zum Thema "alte Tongefäße aus dem Nahen Osten" wurden z.B. Beobachtungsberichte verfaßt, die folgende Deutungsmuster bewußt werden ließen:

- Peter bemerkte die Sorgfalt der Herstellung der Tongefäße
- Eva erkannte die Ähnlichkeit der Muster der Gefäße, die auf einen aktiven Fernhandel schließen ließ
- Hans war beeindruckt von der Schönheit der Gefäße aus Obsidian usw.

Die Vielfalt der Deutungsmuster zeigte den Teilnehmern, daß die Reflexion des Zusammenhangs von Interesse und Erkenntnis wissenschaftliche Objektivität als Problem bewußt machen kann (vgl. E. MAIMON: Writing and Learning in the Arts and Sciences. Boston 1981, S. 298-318).

Fallgeschichten
Fallgeschichten zwingen den Schreiber Beobachtung, Erzählung und wissenschaftliche Hypothesen in der Perspektive einer Wissenschaft zu verbinden. Stellen Sie Ihrem Kurs oder Ihrer Klasse z.B. folgende **Aufgabe:**
Verfassen Sie eine Fallgeschichte, z.B. über die Rituale beim kommenden "Ernte-Dank-Fest", einer "Hochzeitsfeier", einem "Autounfall" oder einem "Prozeß vor Gericht".
Diese Fallgeschichten werden die gesellschaftlich sanktionierten, rituellen Grundmuster dieser Situationen zur Erscheinung bringen. Dieses Erlebnis kann in der Gruppe Interesse wecken, sich in die Soziologie der Rituale einzulesen. Die verschriftlichte Empirie wird so zu einer Brücke zur wissenschaftlichen Theorie.

»Ich schreibe, um herauszufinden,
worüber ich nachdenke«
(E. ALBEE)
»Das ist es, was einen Schreiber
ausmacht: er ist jemand, der die
Probleme ein bißchen genauer
erkennt als andere«
(E. IONESCO)

3 Methoden des kreativen Schreibens für wissenschaftliche Examensarbeiten

3.1 Ein Modell des wissenschaftlichen Schreibprozesses

Bei der Darstellung der kreativen Schreibmethoden für Examensarbeiten gehen wir von einem Modell des wissenschaftlichen Schreibprozesses aus. Für uns zerfällt der wissenschaftliche Schreibprozeß in vier Abschnitte:

① Phase: Entwicklung eines groben Schreibkonzepts
② Phase: Schaffung von Schreibstimuli am Material
③ Phase: Entwicklung eines differenzierten Schreibkonzepts
④ Phase: Schreibpraxis: Rohentwurf und Überarbeitung

(vgl. L. v. WERDER: Lehrbuch des kreativen Schreibens. Berlin 1990, S. 178)

Diese Phasen greifen oft ineinander. Wir lernen beim Schreiben. So kann es vorkommen, daß wir in der vierten Phase auf Ergebnisse aller drei vorhergehenden Phasen zurückgreifen und in der ersten Phase schon begonnen haben, erste Teile eines Rohentwurfs zu schreiben. Ein Blick in unser Notizbuch kann uns die Komplexität der Methoden des wissenschaftlichen Schreibens leicht vor Augen führen. Unser recht grobes Modell kann uns aber Orientierungshilfen im sehr komplexen Schreibprozeß geben. Es zeigt uns, an welchen Punkten des Schreibens wir uns befinden. Es läßt uns die Strecke einschätzen, die wir hinter uns, und die Strecke erkennen, die wir vor uns haben. Es ist unsere Landkarte, in dem für uns weitgehend unbekannten Land unseres wissenschaftlichen Themas. Es klärt uns über die Arbeit anderer wissenschaftlicher Schreiber auf.
Wissenschaftliches Schreiben mit kreativen Methoden zerfällt in zwei in sich wiedersprechende Prozesse:

Kreativität und Kritik, Emotion und Ratio, rechter und linker Gehirnhälfte. Wissenschaftliches Schreiben pendelt zwischen Chaos und Ordnung. Wenn kreative Methoden eingesetzt werden, vertieft sich nicht nur der Schreibprozeß, sondern auch die emotionalen und rationalen Schreiberfahrungen werden spürbarer. Kreative Methoden erlauben, "daß die Wörter, Überzeugungen, Gefühle und Wahrnehmungen versuchen können, ihre eigene Ordnung, Logik und Struktur zu finden." (P. ELBOW: Writing without Teachers, London 1972, S. 32) Kreative Schreibmethoden führen aber notwendig zu einem "Schreibzentrum und Schreibthema". Das geschieht in dem Augenblick, "in dem das, was bisher nur als Chaos erschien sich nun als Zentrum eines Themas erweist". (P. ELBOW: Writing without Teachers. a.a.O., S. 35) Der Prozeß der Entdeckung des richtigen Schreibimpulses ist ein Wechsel zwischen Kreativität und Kritik (vgl. P. ELBOW: Writing with Power. New York 1981, S. 7). In allen vier Phasen des Schreibprozesses wird dieser Wechsel sich vollziehen: Kreativität und Kritik, Emotion und Ratio werden wechseln, um in den vier Phasen zur Ausformung des Schreibimpulses zu gelangen.

(Kleiner Hinweis: Viele der folgenden Schreibtechniken sind zu finden bei: D.M. MURRAY: Write to learn. Forth Worth 1990, R.B. AXELROD, C.R. Cooper: The St. Martins Guide to Writing. New York 1988, S 366-516, J. BLUM u.a.: A Guide to the whole Writing Process. Boston 1988, R.C. GEBHARDT, D. RODRIGUES: Writing. Processes and Intentions. Lexington 1989, L. FLOWER: Problemsolvings Strategies for Writing. San Diego 1989, C.J. THAISS: Write to the Limit. Fort Worth 1991)

3.2 Kreative Schreibtechniken bei der Entwicklung eines groben Schreibkonzepts

3.2.1 Schreibtechniken

In der ersten Phase kommt es darauf an, sein Thema zu finden. Es geht darum, in sich die Kenntnisse zum Thema zu erforschen, die man schon hat, die Interessen zu erkunden, die einen mit einem Thema verbinden, die Umrisse zu erfahren, die das Thema für einen annehmen kann. Die am breitesten entwickelte Schreibtechnik für diese Phase ist das sogenannte "Free-Writing", das auch als freies assoziatives Schreiben bezeichnet werden kann (P. BELANOFF, P. ELBOW u.a.: Nothing begins with N. New

Investigations of Freewriting. Carbondale 1991). Zum "Free-Writing" gibt es viele Varianten, die wir ihnen im Folgenden vorstellen wollen.

a. Free-Writing

Free-Writing ist der leichteste Weg, um Worte auf das Papier zu bringen (vgl. P. ELBOW: Writing without Teachers: London 1973, S. 3-12, P. ELBOW: Toward a Phenomenology of Freewriting. In: Journal of Basic Writing. 8 (1989) 2, S. 42-72).

Motivieren Sie sich fünf Minuten, ohne Halt einfach zu schreiben. Wenn Ihnen nichts einfällt, schreiben Sie über Ihren Schreibblock. Die einzige Bedingung des "Free-Writing" ist es, im Schreibprozeß zu bleiben. Das Ziel des "Free-Writing" ist der Prozeß, nicht das Produkt. "Free-Writing" hat verschiedene Aufgaben: Es hilft zu schreiben, wenn man überhaupt gar keinen Drang zum Schreiben verspürt. Es hilft die Gedanken zu ordnen, wenn im Kopf Schneetreiben herrscht. Es bringt einen in einen intensiven Kontakt mit einem Thema, über das man schreiben möchte, das einem aber gar nicht geheuer ist. Es produziert keine starken Texte, aber es stärkt die Schreibkraft. Es läßt ein gewisses Maß an Chaos zu, um dann den Weg der Ordnung beschreiten zu können.

Das Free -Writing umfaßt folgende Grundtechniken:

- Freie Assoziation
- Assoziationskette
- Schnelles Schreiben (Rapid Writing)
- Automatisches Schreiben

Geben wir für diese Methoden Beispiele

Freie Assoziation zum Thema: "Kreatives Schreiben"

> Eine neue Lernmethode - bisher unbekannt in den Wissenschaften - eine Verbesserung bei Schreibblöcken und ihrer Entschärfung - verbreitet in den USA - hat einen besseren Stil zur Folge - ist nicht nur für Literaten gut - verbindet Bild und Gefühl mit Begriff...

Assoziationskette zum Thema: "Kreatives Schreiben"

> Kreativität - Neues - Umbruch - Neue Worte - Neue Gedanken - es fließt - es wird immer besser - langsam bekommt die Sache Gestalt - durch Worte gestalten - Ein Hauch von Kunst - ein Denken in Bildern - Einsteigen in den Strom der Gedanken

Schnelles Schreiben zum Thema: "Kreatives Schreiben"

> Ganz schnell soll jetzt das Thema abgehandelt werden. Es eilt. Das kreative Schreiben wird langsam populär. Mein Sohn baut in der Schule eine Schreibgruppe auf. Eine Studentin will Schreibspiele für den Englischunterricht. Eben ruft es Mainz an. Ein Vortrag über kreatives Schreiben ist erwünscht.

Automatisches Schreiben zum Thema: "Kreatives Schreiben"

> André Breton wollte nur Surrealisten kreativ nennen. Die Gruppe haute auf die Pauke. Sie überfielen den Alltag und schlugen dem Mond ein Schnippchen. Es geht aufwärts mit Pegasus. Immer weiter auf Schusters Rappen. Bietet der Universität die Stirn. Schreiben befreit.

Diese kurzen Texte eröffnen unterschiedliche Einblicke in das Thema.
- Die freie Assoziation erfaßt das kreative Schreiben als Lernmethode
- Die Assoziationskette steigt in den inneren Bewußtseinsstrom ein, zeigt kreatives Schreiben als Prozeß
- Das "schnelle Schreiben" eröffnet Einblicke in die Praxis des kreativen Schreibens heute
- Das automatische Schreiben führt nach Paris, zu den Surrealisten als Vorläufer des kreativen Schreibens in der Literatur.

Aufgabe: Wählen Sie ein Thema und verfassen Sie nach den vier Schreibvarianten Kurztexte und werten Sie dann die Unterschiede Ihrer Schreibprodukte aus.

Sehen wir uns einige Varianten des "Free-Writing" an, die Peter Elbow in seinem Buch "Writing with Power" New York 1981, S. 61-73 entwickelt hat, um Sie beim Finden eines groben Schreibkonzeptes zu unterstützen:

Erste Gedanken

Schreiben Sie für fünf Minuten alle Gefühle, Ideen, Einfälle nieder, die das Thema bei Ihnen auslöst. Es geht dabei nicht um gute Gedanken, sondern um erste Gedanken. Die ersten Einfälle können aber der Schlüssel zur zentralen Idee sein, die das Thema erschließen werden. Schreiben Sie zu dem besten gefundenen Gedanken dann noch gleich einen ersten Text.

Vorurteile

Bringen Sie Ihre Vorurteile zum Thema auf das Papier. Schlüpfen Sie in die Rolle eines Extremisten und schreiben Sie in seiner Haltung. Die Einnahme verschiedener Vorurteilsrollen hilft, neue Ideen zu finden.

Erste Vision

Jeder hat bei der Sichtung eines Themas eine erste Vision. Diese Vision sollte in aller Unvollständigkeit niedergelegt werden, vielleicht auch als Kritzelzeichnung oder als Melodie, die man summt.

Meditieren Sie

Benutzen Sie das autogene Training, um auf der Mittelstufe das Thema einzustellen. Lassen Sie ein Tonband während der Meditation laufen und sprechen Sie auf das Band, was Sie während Ihrer Meditation zum Thema sehen. Werten Sie später Ihre Meditationsmitschnitte aus.

Dialoge

Bemerken Sie bei Ihrem Thema immer verschiedene Gefühle, dann ist es gut, es mit einem Dialog zu versuchen. Geben Sie jedem Gefühl eine Stimme und schreiben Sie schnell, ohne viel nachzudenken, einen Dialog zwischen einem Protagonisten und einem Antagonisten zum Thema nieder. Wenn die gewählten Personen zu stören beginnen, dann nehmen Sie anonyme Personen (A und B) oder lassen Sie Autoren zu Wort kommen, die schon zum Thema geforscht haben.

Erzählendes Denken

Statt sich in einem analytischen Streß zu verkrampfen, versuchen Sie es erstmal mit einem erzählenden Diskurs. Schreiben Sie etwas über die Geschichte des Themas. Das kann Ihnen helfen, unbewußte Barrieren zu bemerken, die beim Fortgang des Schreibens hindernd wirken. Eine Geschichte kann Ihnen auch zeigen, wieviele Fakten und wieviel Material Sie zu Ihrem Thema schon kennen und wo Ihre Lücken liegen.

Wahrheiten und Lügen

Schreiben Sie schnell in fünf Minuten alle Wahrheiten zu Ihrem Thema und dann in fünf Minuten alle Lügen zu Ihrem Thema nieder, dabei werden sich dann neue Aspekte des Themas zeigen.

Die Arbeit mit Freewriting-Techniken auf dem Weg zu ersten Textideen gliedert sich in folgende Schritte:

①   Schreiben zum Thema mit verschiedenen Techniken
②   Texte auswerten

Neben dem Free-Writing gibt es für das wissenschaftliche Schreiben eine Fülle anderer Einstiegsschreibtechniken zur **Visualisierung** von Gedanken , die wir Ihnen nun vorstellen wollen.

b. Clustering

G.L.Rico hat in ihrem Buch "Garantiert Schreiben lernen". Reinbeck 1984 die Clustermethode für ein gelenktes freies Assoziieren eingeführt (vgl. auch J.A.W. HEFERMANN, J.E. LINCOLN: Writing. A Collage Handbook. New York 1986, S. 13-29). Bilden Sie also aus Ihrem Thema ein Kernwort und schreiben Sie es auf ein weißes Blatt Papier, direkt in die Mitte. Kreisen Sie es ein. Schließen Sie die Augen und warten Sie auf Einfälle. Alle Einfälle schreiben Sie in Stichworten auf das Papier, kreisen Sie diese auch ein und verbinden Sie sie je nach Assoziationskette mit dem Kernwort. Warten Sie auf einen Schreibeinfall. Schreiben Sie den ersten Satz auf, der Ihnen zu Ihrem Cluster einfällt. Beuten Sie dann die Worte Ihres Clusters aus, um die nächsten Sätze zu schreiben. Nach fünf Sätzen ist ganz sicherlich Ihr erster Text zum Thema fertig.

Die Arbeit mit dem Cluster auf dem Weg zu ersten Textideen umfaßt folgende Schritte:

①   Assoziationsanreiz durch Thema
②   Kernwortwahl
③   Cluster bilden
④   Umschalteffekt: Die Schreibidee wird spürbar
⑤   Zentrales Gefühl führt zu einer schriftlichen Aussage
⑦   Aussage führt zu einem Kurztext.

Neben dem klassischen Cluster, welches Sie auf der folgenden Seite sehen, können Sie den Spielraum des Clusters erweitern, Sie können auch folgende Clustervarianten einsetzen.

Modell des klassischen Clusters

Assoziationskette 1

Nebenzweige

Kernwort

Assoziationskette 2

Assoziationskette 3

Varianten:
Unzentriertes Cluster
Fangen Sie ohne Kernwort irgendwo bei einer Assoziation zu Ihrem Thema an und lassen Sie die Assoziationen laufen, die Sie aber immer in Kreise fassen und mit Pfeilen verbinden.

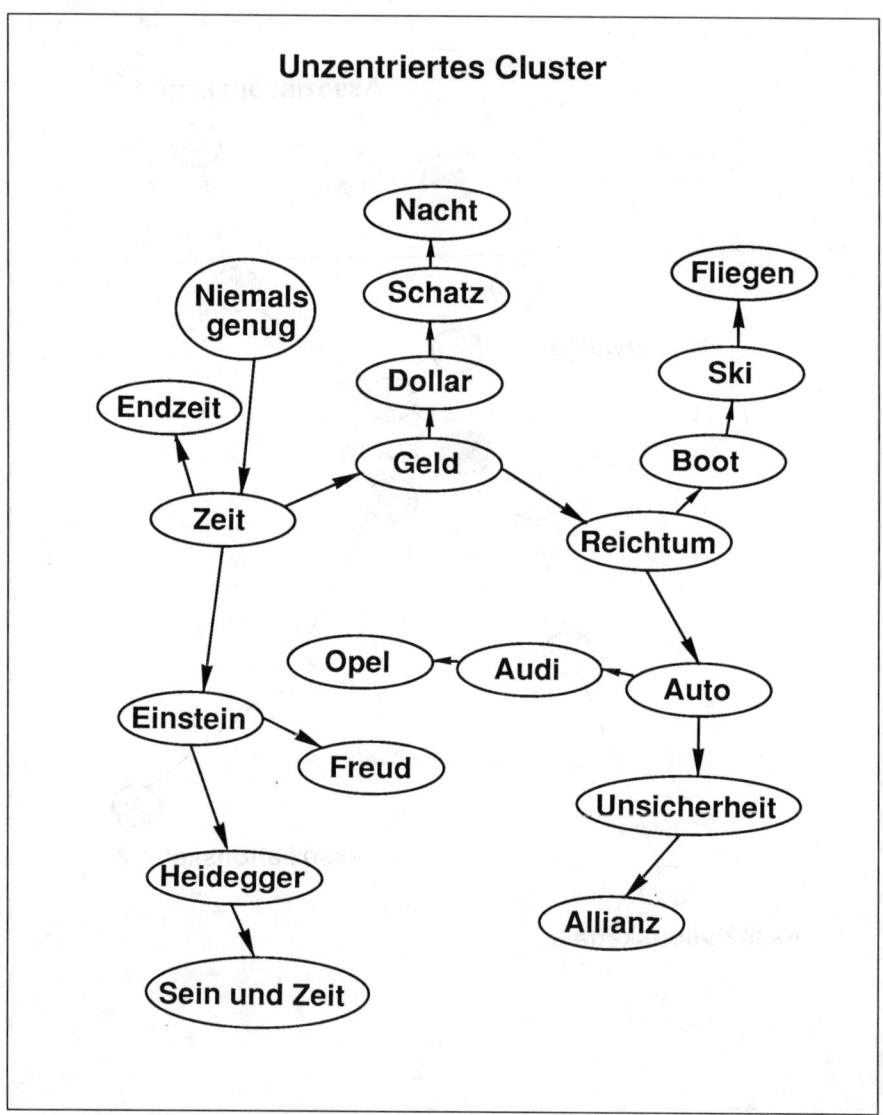

Stark strukturiertes Cluster mit Ideenzweigen, Beispielen und Fakten zu jeder Einzelidee - ein Cluster für fortgeschrittene Clusterfreunde!

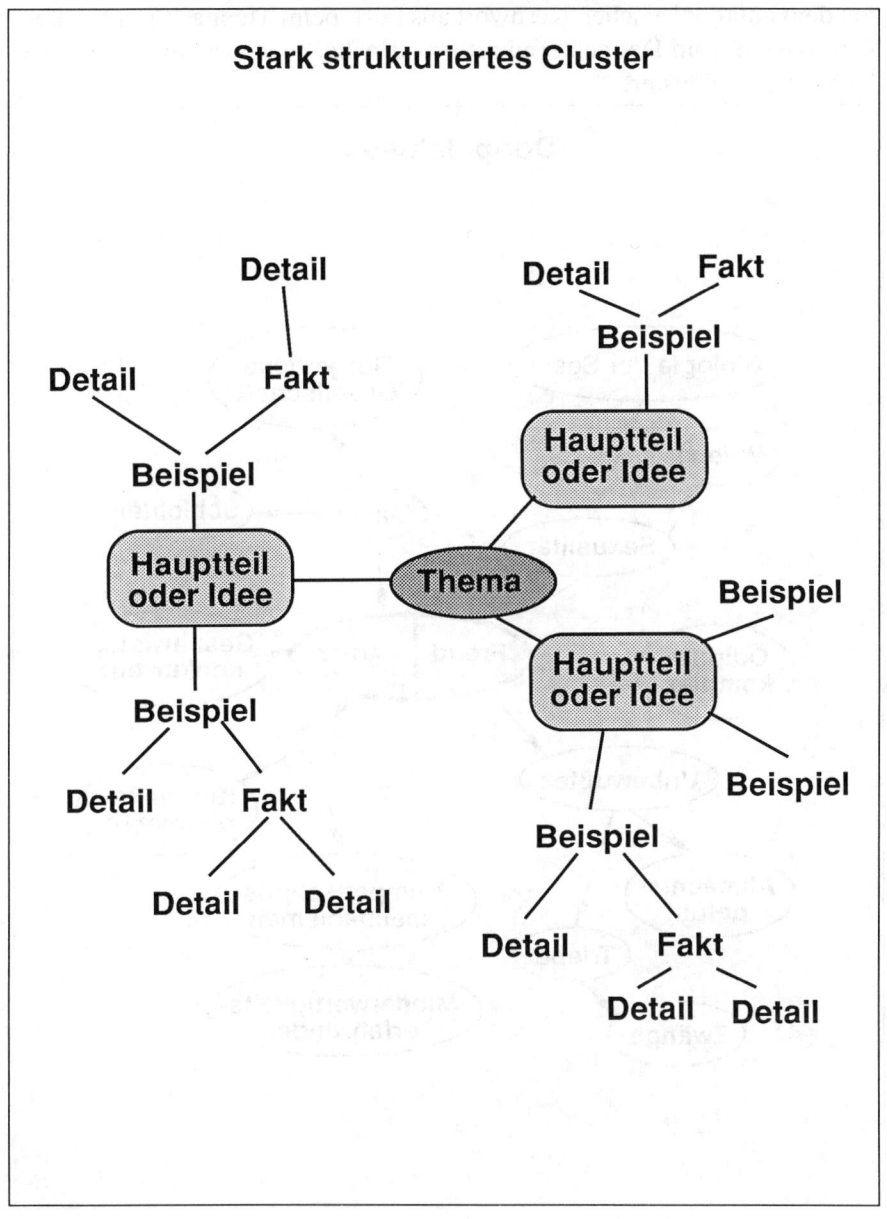

35

Wenn das Thema einen Widerspruch, einen Vergleich, eine Kontroverse enthält ist, der Einsatz des **Doppelclusters** möglich. Dieses Cluster geht von dem antagonistischen Kernwort aus (z.B. beim Thema "Freud-Adler-Kontroverse"vom Doppelkernwort Freud/Adler) und erarbeitet dann wie das zentrierte Cluster.

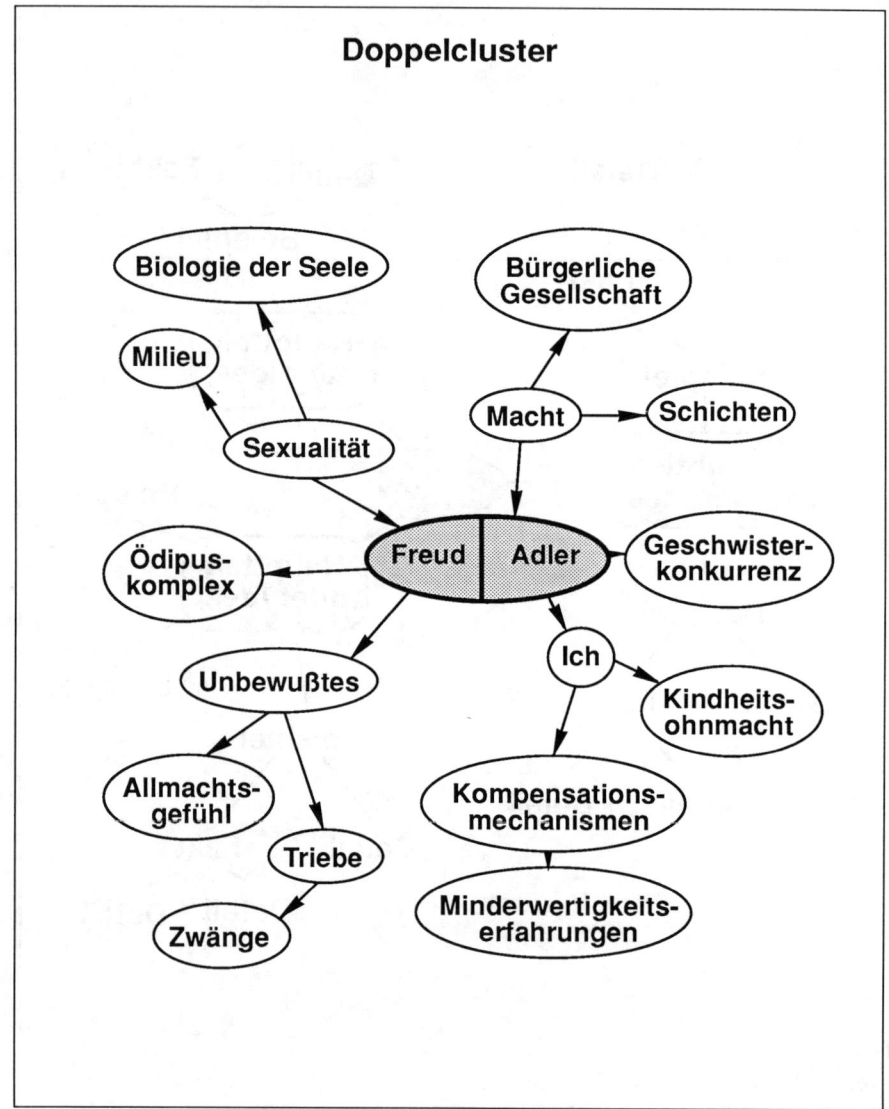

c. Brainstorming

Donald M. MURRAY "Write to Learn" (Fort Worth 1990, S. 31-36), schlägt das Brainwriting als erste Übung bei der Suche nach einem groben Schreibkonzept vor. Legen Sie sich für die Durchführung dieser Methode eine Liste aller Einfälle an, die Ihnen zum Thema einfallen. Die Liste sollte in fünf bis zehn Minuten stehen, sie kann so umfangreich sein, wie es Ihnen nötig erscheint. Wenn Ihnen die Liste auf den ersten Blick nicht gefällt, schreiben Sie eine neue Liste. Gehen Sie dann Ihre Liste nach folgenden Kriterien durch:

Was überrascht Sie? (Markieren Sie Ihre Überraschungen auf der Liste mit einem Ausrufungszeichen)

Wo gibt es zwischen verschiedenen Aussagen der Liste Zusammenhänge? (Markieren Sie die Zusammenhänge mit Pfeilen)

Je öfter Sie die gelungene Liste durchgehen, um so mehr Einfälle, Überraschungen und Zusammenhänge werden Sie entdecken. Das ist dann das Material, aus dem Sie Ihr Thema weiter bearbeiten können (vgl. auch R.B. AXELROD, C.R. COOPER: The St. Martins Guide to Writing. New York 1988, S. 368f).

Es gibt nun viele Varianten des Brainstorming, auf die wir jetzt im einzelnen zu sprechen kommen werden:

Varianten des Brainstorming

Zu jedem Thema läßt sich ein Gruppenbrainstorming durchführen. In der Gruppe ist dann mit der Team-Kollaborations-Technik zu arbeiten (Wechsel zwischen Einzel- und Gruppenarbeit), der Stop-and-Go Technik (eine konstruktive und eine kritische Phase des Brainstorming löst sich ab), Methode 6-3-5 (die Einfälle werden schriftlich niedergelegt: z.B. erhalten sechs Teilnehmer die Texte der anderen und ergänzen in diesen Texten drei Worte in fünf Minuten), dem Brainwritingpool (jeder legt seine Liste auf einen Haufen, wählt eine ihm fremde Liste und ergänzt diese), dem Collektive Notebook (jeder Teilnehmer erhält die Themen einer Gruppe von z. B. drei Personen und notiert sich über vier Wochen alle Einfälle, die er zu den drei Themen hat), der B-B-B-Methode (alle Bilder, die zum Thema passen, werden gesammelt, und dann werden Texte zu diesen Bildern geschrieben).

Brainstorming-Liste zum Thema "Schreibgrafiken"
(mit Markierungen, die auf Zusammenhänge verweisen)

- läßt sich Schreiben graphisch darstellen?
- illustrativ
- das Unsichtbare erhält Gestalt!
- Marx´ens Schreibgrafik
- Welche Wissenschaftler benutzen Grafiken
- Grafiken in der Tiefenpsycholiogie
- Illustrationen in der Tierkunde
- Wer war der Zeichner von "Brehms-Tierleben"?
- Bild und Gedanke
- Der innere"Bewußtseinsstau"
- Freud´s Unbewußtes in Bildern
- Bild, Assoziationen, Gedanken, Sätze
- Bilder als Bildstimuli
- Innere Bilder
- Das Denken baut auf Bildern auf
- Sichtbare und spürbare innere Bilder
- Symbole, Metaphern
- Mandala, Meditationsbilder
- Heiligenbilder
- Bilderbibel für die Armen
- Neue Medienwelt, das Bild verdeckt die Realität
- Bilder der Wissenschaft

(vgl. auch R.B. AXELROD, C.R. COOPER: The St. Martins Guide to Writing. New York 1988, S. 368)

d. Mindmapping

M. KIRCHHOFF hat in seinem Buch "Mindmapping" (Berlin 1989) die Mappingtechnik von T. BUZAN "Kopftraining" (München 1984, S. 124ff) weiterentwickelt.

Das Mindmapping beginnt, wie das Clustering, mit einem leeren Blatt Papier, in dessen Mitte das Thema plaziert wird. Vom Kernwort gehen dann die Einfälle aus, die beim **freien Mindmap** nach Lust und Liebe um das Kernwort geordnet werden. Beispiel: Freies mind-Map zum Thema" S. Freud´s Biographie":

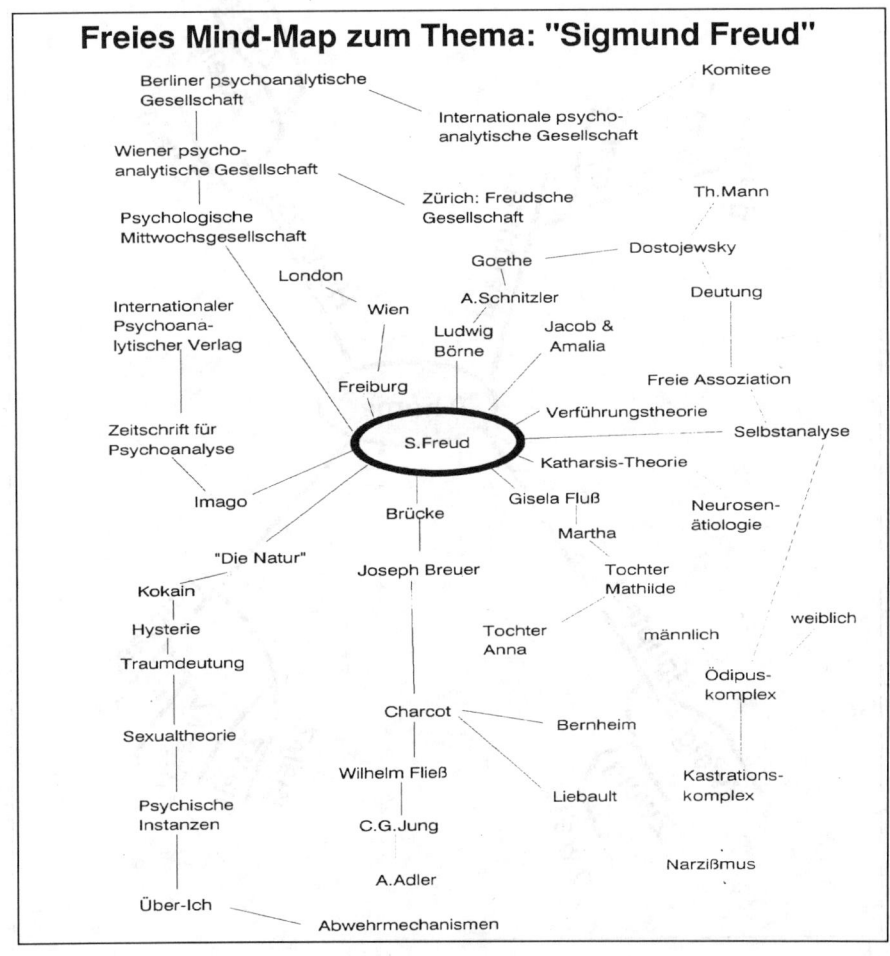

Freies Mind-Map zum Thema: "Sigmund Freud"

Das Mindmap läßt sich aber auch für differenzierte Themeneinblicke benutzen, wenn es als "**systematisches Mindmap**" angelegt wird. Das Thema wird notiert und die Schwerpunkte des Themas werden dann im Uhrzeigersinn rechts um das Thema herumgeordnet.

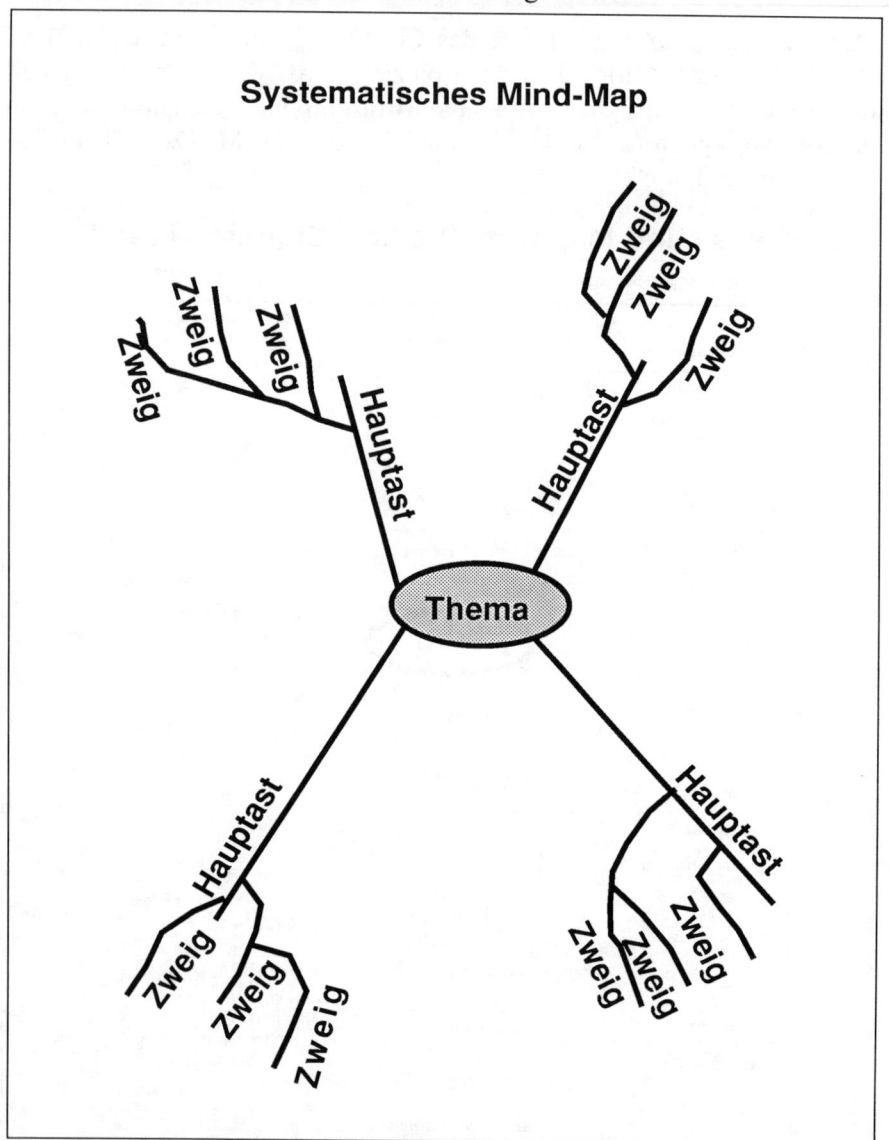

Als Beispiel zeigen wir nun ein systematisches Mindmap zum Thema:
"Tiefenpsychologische Schulen."

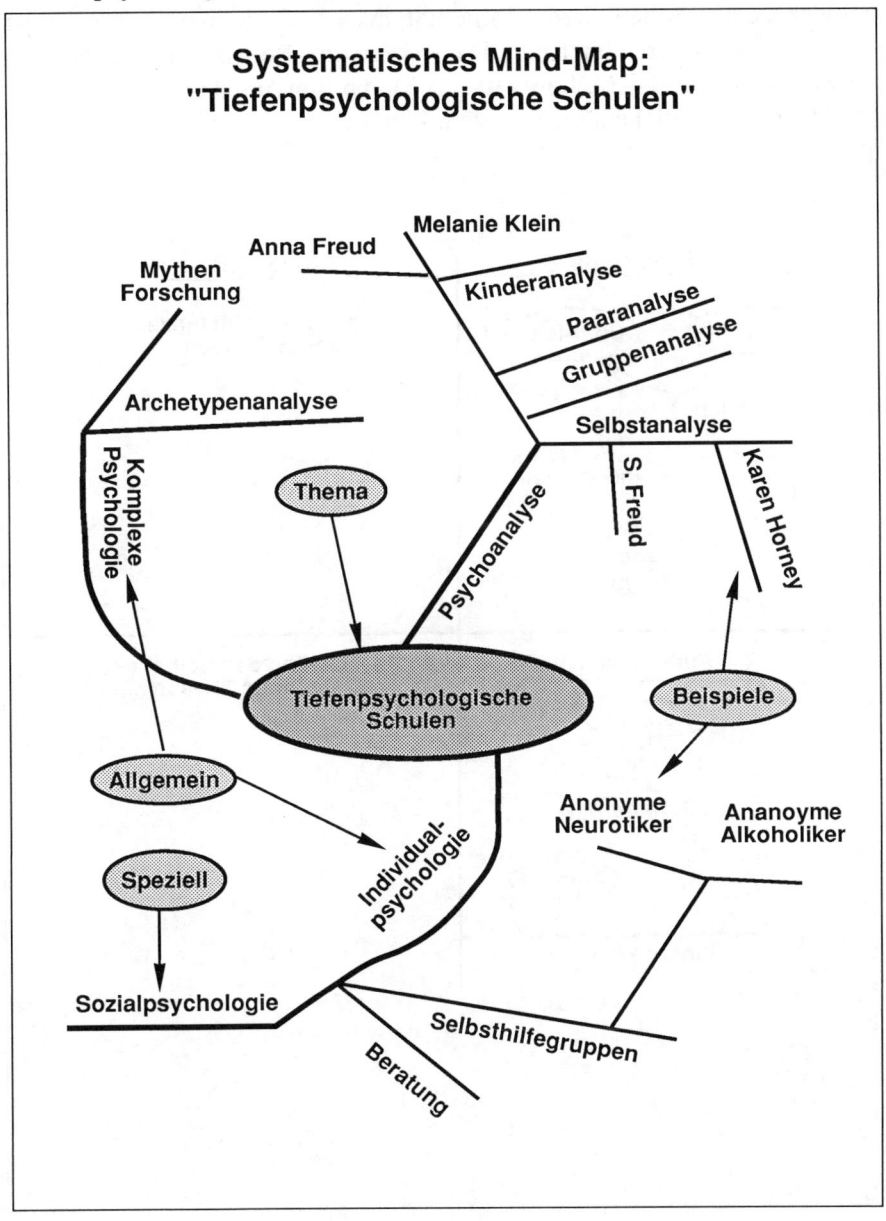

Beim Übergang **vom Mindmap zum Text** sollte man in zwei Spalten arbeiten. Auf der linken Seite eines Blattes zeichnet man das Mind-Map; auf der rechten Seite wird das Mindmap in einen Text, in eine Grafik oder in vorläufige Notizen übersetzt. Dafür folgendes Beispiel, das das Seelenmodell Freuds und C.G. Jungs erst als Map bringt, um dann in der rechten Spalte den vergleichenden Text zu notieren.

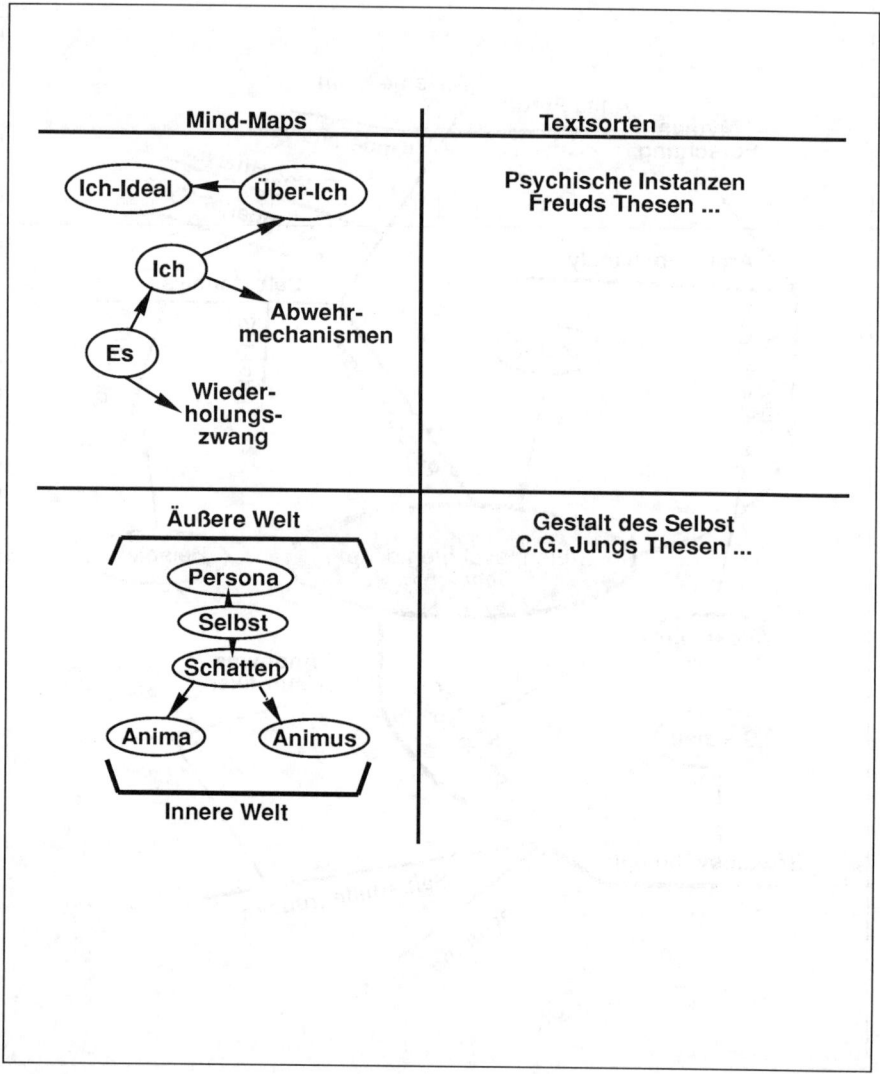

Die Arbeit mit den verschiedenen Mind-Maps führt in folgenden Schritten zu einem Einstiegstext in das Thema:

① Entspannen Sie sich und stellen Sie sich Ihr Thema bildlich vor.
② Schreiben Sie Ihr Kernwort und alle Einfälle und Bilder auf das Papier
③ **Lesen Sie dann Ihr Mindmap mehrmals durch**. Beim Lesen kommen Sie auf neue Zusammenhänge. Markieren Sie diese neuen Zusammenhänge mit Bunstiften.
④ Die entdeckten Zusammenhänge sollten Sie dann in einem kleinen Text auszuformulieren.

e. In Naturbildern visualisieren

Um einen Begriff von der logischen und organischen Struktur Ihres Themas zu gewinnen, ist die Ausformung des Themas in Naturfomen hilfreich. Bilden Sie **Themenbüsche** und **Themenbäume**. Der Stamm ist der Kerngedanke Ihrer Arbeit, die Äste sind die Verzweigungen des Themas. Das Astwerk gliedert sich von Teilgedanken, zu Untergedanken und Konkretionen. Ein kleines Gedankensystem zum Thema ist ein Busch, ein großes Gedankensystem kann als Baum erscheinen (L. FLOWER: Problemsolving Strategies For Writing. San Diego 1989, S. 117-134). Zeichnen Sie einen Baum Ihrer Einfälle. Zeichnen Sie erst den Stamm, das geschieht, indem Sie am unteren Ende eines leeren Blattes die drei bis vier wichtigsten Aspekte Ihres Themas aufschreiben, aus dem Sie dann jeweils drei bis vier Äste bilden, die Ihre Einfälle zum Thema umfassen können. Auf der folgenden Seite ein Themenbaum zum Thema: "Selbstanalyse"

Bei der Arbeit mit einem Themenbaum entsteht ein Einstiegstext in folgenden Schritten:

① Stellen Sie sich Ihr Thema in Bildern vor.
② Unterscheiden Sie zwischen den Grundideen zum Thema und den Folgeideen.
③ Aus den Grundideen bilden Sie den Stamm, aus den Folgeideen werden die Zweige.
④ Betrachten Sie Ihren Baum solange, bis Ihnen Zusammenhänge zwischen den Stammelementen und der Vielzahl der Zweige auffallen.
⑤ Schreiben Sie Ihre Entdeckungen in einigen Sätzen auf.

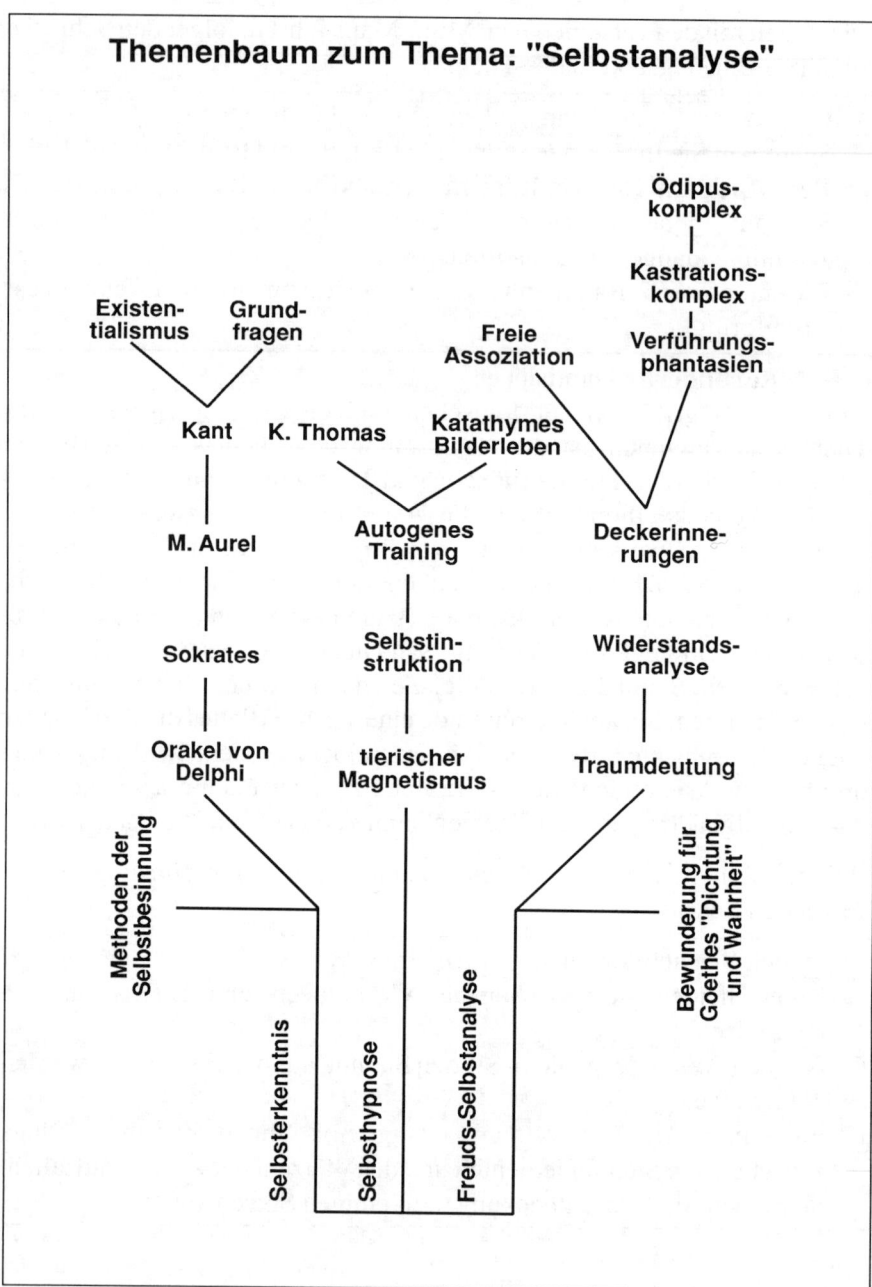

Themenbaum zum Thema: "Selbstanalyse"

f. Begriffe anschaulich machen

Im wissenschaftlichen Denken verbindet sich Begriff und Anschauung, Wesen und Erscheinung. Um diese Verbindung vielfältig zu erschließen, sollten Sie "Leitern" entwickeln. Jede Leiter besitzt vier Stufen, die zwischen Wesen und Erscheinung oder umgedreht gespannt werden. Die **deduktive Leiter** umfaßt auf Stufe ①einen Begriff, eine Hypothese, den Aspekt einer Theorie, die Stufe ② umfaßt eine Konkretion, die Stufe ③ ein Beispiel, die Stufe ④ ein Detail des Beispiels.

Im folgenden ein Beispiel für eine **deduktive Leiter**:

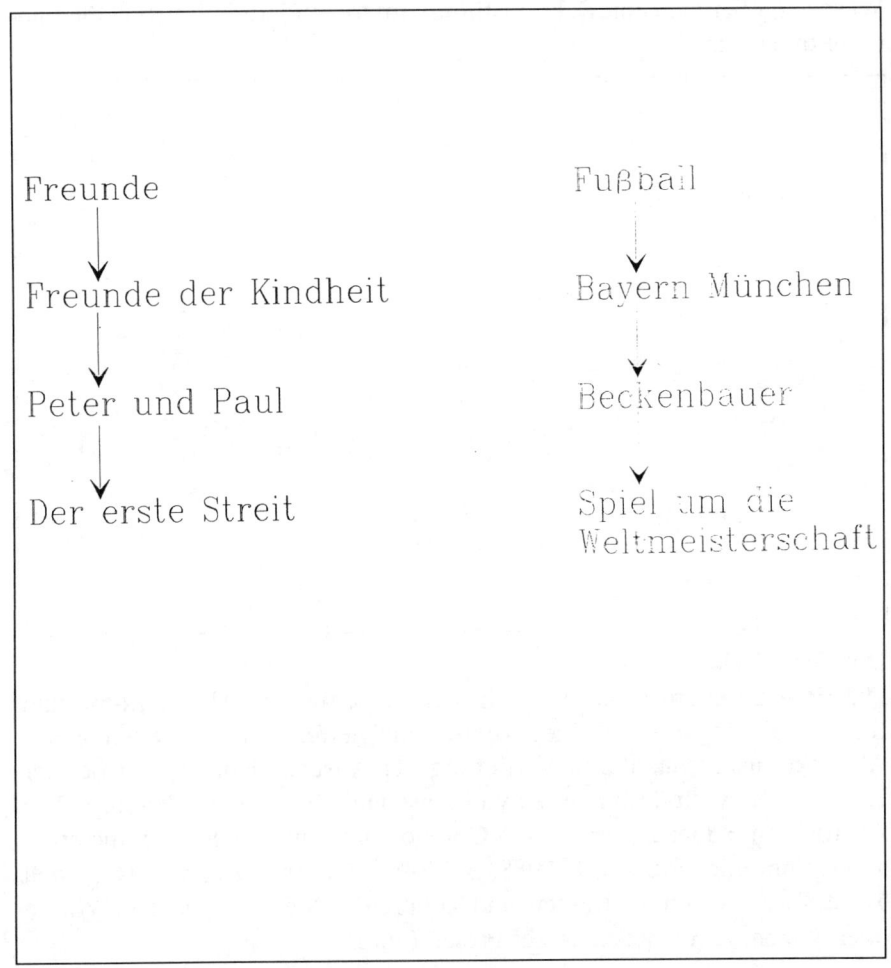

Die **induktive Leiter** bewegt sich von der Erscheinung zum Wesen. Sie umfaßt folgende Stufen:
① Detail
② Konkrete Beschreibung der Fallstruktur
③ Beispiel für einen Fall
④ Bildung einer Hypothese
Zu jedem Teilaspekt Ihres Themas, zu den wichtigsten Begriffen Ihrer Arbeit, können Sie deduktive und induktive Leitern bilden. Durch die vielfältige Vermittlung von Begriff und Anschauung, Erscheinung und Wesen ergeben sich gute Schreibstimuli. Im folgenden ein Beispiel für eine induktive Leiter

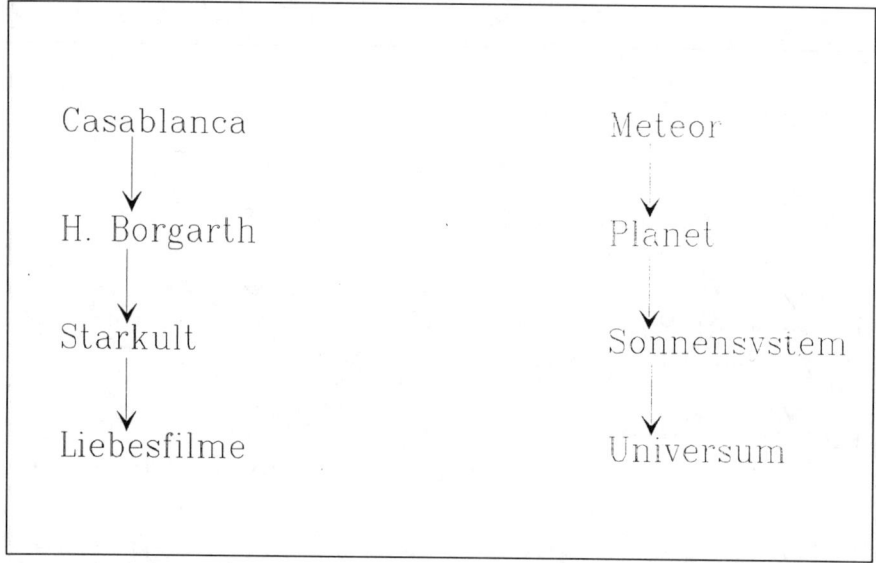

Die Freie Leiter

Die Freien Leitern schärfen auch den Blick für das Abstraktions- und Konkretisierungsniveau eines Textes. Sie helfen bei der Senkung des Abstraktionsniveaus durch Vertiefung der Anschaulichkeit oder bei der Hebung der Abstraktion bei zu viel Anschaulichkeit(M.B. Seabury: The Abstraction ladder in Freshmann Composition. In: College Composition and Communication. 40, 1, 1988, S. 89-92). Die freie Leiter bewegt sich vielstufig zwischen Abstraktem und Konkretem. Sie bewegt sich in Worten oder Sätzen. Zwei Beispiele zur Freien Leiter:

a) Freie deduktive Leiter in Worten

Gesundheit
Landschaft
Bauernhof
Kühe
Pflanzen
der Hund "Lassie"

b) Freie deduktive Leiter in Sätzen

Mein Deutschunterricht war gut.
Lehrer A. machte interessante Kontakte.
Lehrer A. sprach direkt mit den Schülern.
Lehrer A. sprach auch über Autos.
Lehrer A. Sprach über sein Auto.
Lehrer A. half uns bei der Reparatur von Edi´s Auto.

Um mit Leitern von einer Themenidee zu einem Text zu kommen, sind folgende Schritte notwendig:

① Vorstellung des Themas im inneren Bewußtsein.
② Klärung der abstrakten und konkreten Aspekte des Themas.
③ Zeichnung der deduktiven und induktiven Reihe dieser Aspekte als Leiter.
④ Mehrfaches lesen der Leiter induktiv und deduktiv (von oben und von unten), um weitere Aspekte des Themas zu erschließen.
⑤ Aufzeichnung der Entdeckungen in einigen Sätzen.

g. Forschen

Schreiben Sie alle Fragen auf, die Ihr Thema für Sie aufwirft. Finden Sie die Fragen heraus, die Sie als nächstes beantworten müssen. Die wichtigsten Fragen zum Schreibspiel **Frageliste** lauten: Was ist der Gegenstand Ihres Themas? Welche Teile hat Ihr Gegenstand und wie hängen sie zusammen? Wie weit ähnelt Ihr Thema anderen Themen und wie weit ist es von anderen Themen unterschieden? Wie weit kann sich Ihr Thema ändern? Wie weit bleibt es sich gleich? Welchen Stellenwert hat Ihr Thema in der Wissenschaft?(C.J. THAISS: Write to the Limit. Fort Worth 1991, S. 99f.)

Doppelhirn-Methode

Aus der Gehirnforschung ist die These bekannt, daß das linke Gehirn die rationalen Ideen, das rechte Gehirn die Gefühle und Metaphern produziert. Bilden Sie deshalb zwei Spalten. Die linke Spalte nimmt erst in assoziativer Reihenfolge die rationalen Einfälle zum Thema auf, die rechte Spalte die Gefühle und Metaphern. Nun ein Beispiel der Doppelhirnmethode zum Thema "**Urgeschichte**"

Ratio	Gefühl
Jäger und Sammler	lange, schwere Jagden
Höhle	Dunkelheit, Kälte
Zeichnungen	mühsames Ritzen
Jagdzauber	Angst vor den Tieren
Schamane	Trommeltanz und Ekstase

Mit dem Doppelhirn Zweispalter kommt man in folgenden Schritten zu einem Text:

① Meditieren Sie über Ihr Thema.
② Sammeln Sie erst links die Ideen.
③ Ergänzen Sie rechts die Gefühle.
④ Formulieren Sie nun erste Sätze, die linke Begriffe mit rechten Gefühlen verbinden.

h. Gliedern

Es gibt drei einfache Gliederungsformen:
- Freie Einfälle
- Hauptworte
- Sätze

Bei der Sammlung freier Einfälle zum Thema stellen Sie sich folgende Fragen: Was weiß ich noch nicht zu diesem Thema? Wie stark ist mein Gefühl, daß ich mich mit diesem Thema anfreunden kann? Wieviel habe ich über das Thema schon geschrieben?

Besonders die erste Gliederungsform, die Sammlung freier Einfälle ist nützlich, wenn man sich ganz neu mit dem Thema beschäftigt. Aus der Sammlung freier Einfälle wird im Zuge der weiteren Arbeit an dem Thema eine Gliederung in Hauptworten und dann vielleicht eine Gliederung in Sätzen.

Kubusspiel

Sie sollten Ihr Thema in einer halben Stunde aus den sechs verschiedenen Perspektiven der klassischen Rhethorik betrachten und Ihre Betrachtung sofort aufschreiben.

a. **Beschreiben** Sie das Thema

b. **Vergleichen** Sie es mit einem ähnlichen Thema

c. **Assoziieren** Sie, was Ihnen an dem Thema bekannt vorkommt

d. **Analysieren** Sie, welche Geschichte das Thema hat

e. Untersuchen Sie die **Anwendungsform** Ihres Themas

f. Welche **Argumente** sprechen für und welche Argumente sprechen gegen das Thema.

(Vgl. R.B. AXELROD, L.R. COOPER: The St. Martins Guide to Writing a.a.O., S. 372, B. CARTER, C. SKATES: The Reinehart Handbook for Writers a.a.O., S.334f)

Sechs W-Fragen

Um die Bestandteile Ihres Themas schnell zu erkennen, stellen Sie die fünf W-Fragen an das Thema: Was? Wer? Wann und Wo? Warum? Wie? Sie erfassen so die Handlung, den Handelnden, das Handlungssetting, die Handlungsmotive und die Handlungsmethode, die in Ihrem Thema möglicherweise stecken.

Vorstellung der Kurzfassung

Sie können Ihr Thema erweitern und vertiefen, indem Sie eine Zusammenfassung Ihrer Ideen unterschiedlichen Personengruppen vorstellen:

- Fachleuten
- Studienkollegen oder Mitschülern
- Laien
- Verwandten und Freunden

Bei einer solchen Vorstellung erleben Sie folgende Stufen der Themenkonkretisierung:

① Durcharbeitung und Profilierung Ihrer Informationsfülle zum Thema.
② Kritisches Feedback zu Ihren Themenschwerpunkten bei der Vorstellung des Themas vor ausgewählten Personen.
③ Anregung zur Neufassung Ihrer Themenordnung.
④ Neue Impulse zum Schreiben.

Aufgabe

Wir haben Ihnen verschiedene Techniken für den Schreibstart vorgestellt. Sie sollen nun noch einmal als Cluster erscheinen. Vertiefen Sie sich in das Cluster der Schreibtechniken und wählen Sie dann aus, welche Technik Sie für Ihr Thema ausprobieren wollen.

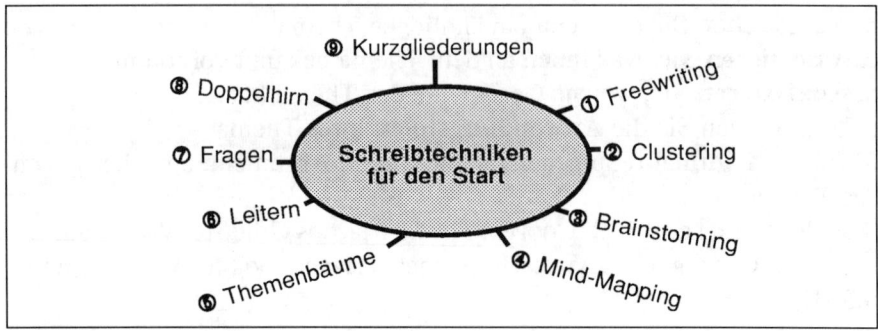

(vgl. J. GOULD: The Writer in All of Us. New York 1989, S. 40)

j. Arbeit mit Schemata

Albert Einstein gestand: "Mein Denken baut auf mehr oder weniger klaren Bildern auf, die bald sichtbar, bald spürbar sind." Die Darstellung dieser Denkbilder, die wissenschaftliche Texte schreiben helfen, geschieht in Schemata. Diese Schemata fassen die zentralen Hypothesen des Textes zusammen und stellen das Bild der "dunklen Idee" dar, um die im Schreibprozeß gerungen wird.

Bei großen Autoren tauchen derartige Schemata häufig auf. Hier nun einige Beispiele:

Karl Marx zeichnete in Anlehnung an den Ökonomen Quesnay am 6.Juli 1863 ein "Tableau Oeconomique", um den gesamten Prozeß des Wirtschaftskreislauf in den Abteilungen

I. Lebensmittel

II. Maschinerie und Rohstoffe

III Gesamtprozeß

darzustellen. Als Gedankenstütze setzte Marx darunter das "Tableau Oeconomique" seines Rivalen Quesnay

Sigmund Freud stützte sich während der Arbeit an seiner Sexualtheorie auch auf Schemata (s. Abbildungen auf folgenden Seiten).

Karl Marx: Schema des Wirtschaftskreislaufes

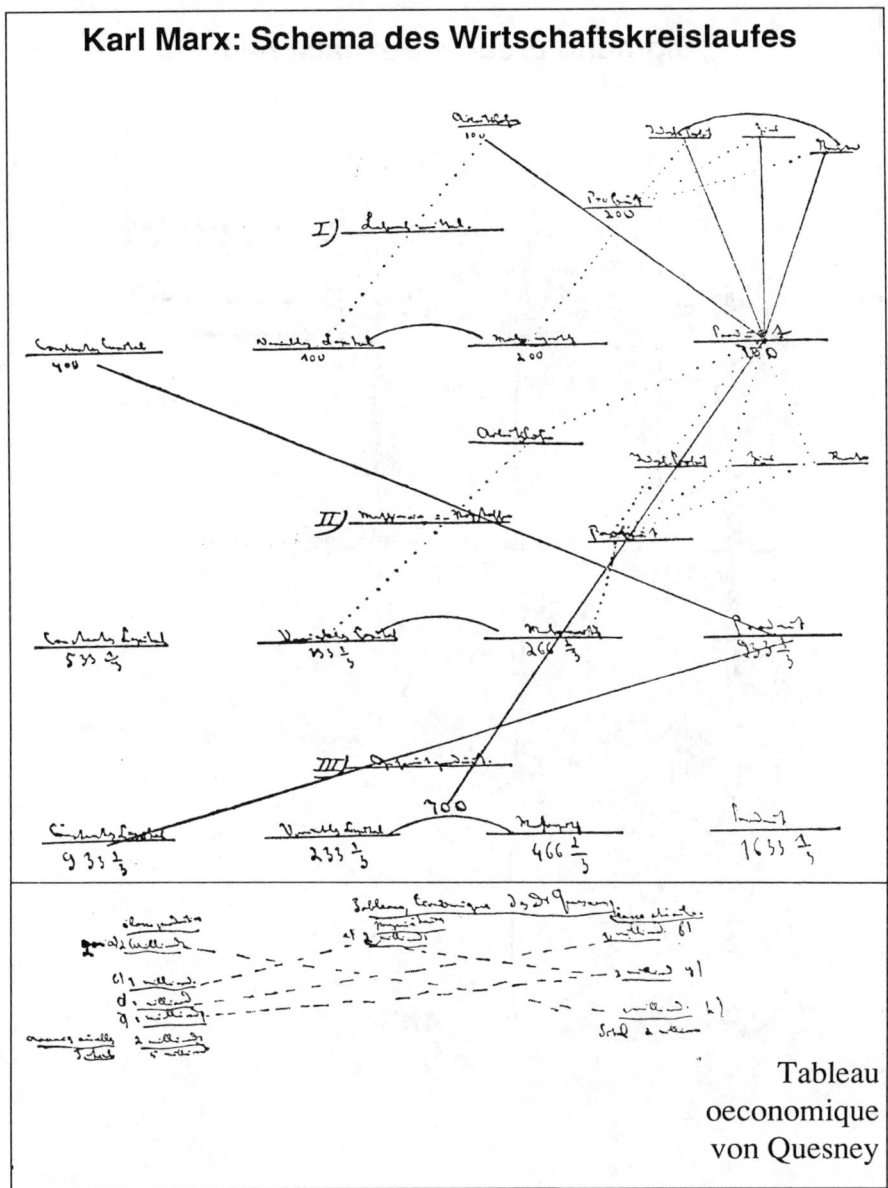

Tableau
oeconomique
von Quesney

Aus: K. Marx, F. Engels: Briefe über "das Kapital". Berlin 1954,
S. 120-123

Sigmund Freud´s Sexualschema

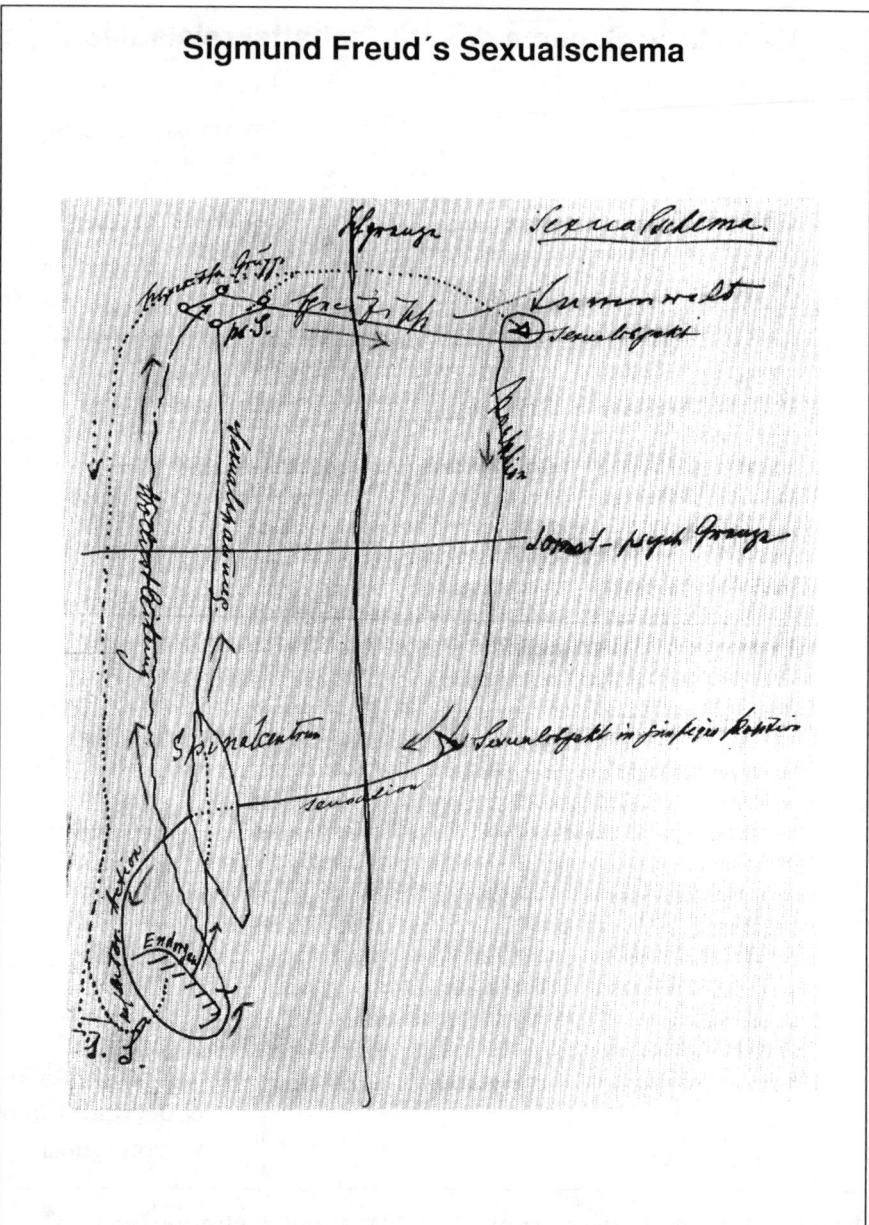

Aus: S. FREUD: Briefe an Wilhelm Fließ. Frankfurt 1986, S. 99

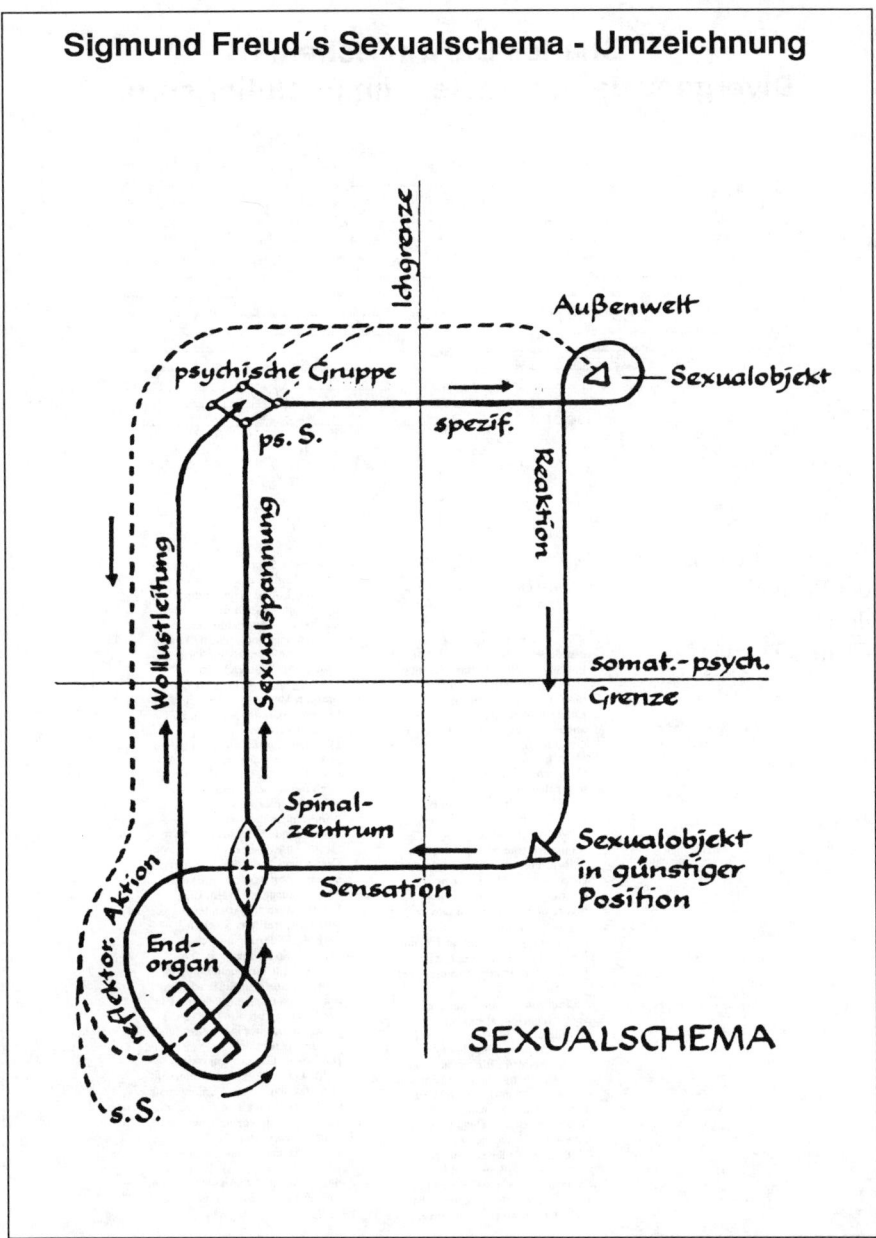

Sigmund Freud´s Sexualschema - Umzeichnung

SEXUALSCHEMA

Aus: S. FREUD: Briefe an Wilhelm Fließ. Frankfurt 1986, S. 571

Charles Darwin´Schema:
Divergenz der Charactere im Evolutionsprozeß

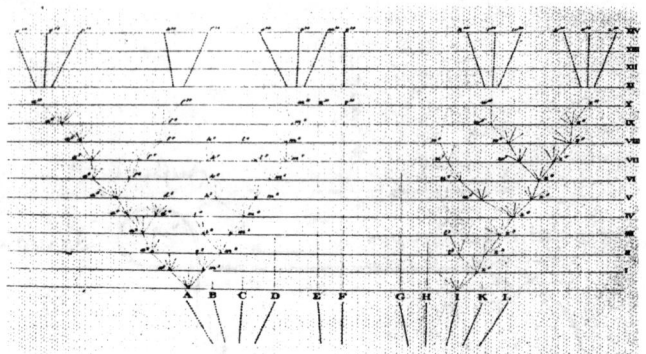

Verschriftlichung des Schemas durch Charles Darwin:

Schematische Darstellung der »Divergenz der Charaktere« aus Darwins Origin of Species. *Im 4. Kapitel des Buches heißt es dazu:*

»Das beigefügte Schema wird uns diese ziemlich verwickelte Frage verstehen helfen. Gesetzt, es bezeichnen die Buchstaben *A* bis *L* die Arten einer in ihrem Lande großen Gattung; es wird angenommen, daß diese Arten einander in ungleichen Graden ähnlich sind, wie es eben in der Natur so allgemein der Fall zu sein pflegt und was im Schema durch verschiedene Entfernung jener Buchstaben voneinander ausgedrückt werden soll. . . . Es sei nun *A* eine häufige, weitverbreitete und abändernde Art einer in ihrer Heimat großen Gattung; der kleine Fächer divergierender Punktlinien von ungleicher Länge, die von *A* ausgehen, möge ihre variierende Nachkommenschaft darstellen. Es wird ferner angenommen, die

Abänderungen seien außerordentlich gering, aber von der mannigfaltigsten Beschaffenheit, sie träten nicht alle gleichzeitig, sondern oft nach langen Zwischenräumen auf, und endlich sollen sie nicht alle gleich lange dauern. Nur jene Abänderungen, die in irgendeiner Beziehung nützlich sind, werden erhalten oder zur natürlichen Zuchtwahl verwendet werden. Und hier tritt die Bedeutung des Prinzips hervor, das die Divergenz des Charakters darbietet; . . . Wenn nun

in unserem Schema eine der punktierten Linien eine der waagerechten Linien erreicht und dort mit einem kleinen numerierten Buchstaben bezeichnet erscheint, so wird angenommen, daß darin eine Summe von Abänderungen gehäuft sei, ausreichend zur Bildung einer recht gut ausgeprägten Varietät, wie sie in die Systematik aufgenommen zu werden verdient.
Die Zwischenräume zwischen je zwei waagerechten Linien des Schemas mögen je 1000 oder noch mehr Generationen entsprechen. Nach 1000 Generationen hätte die Art *A* zwei ziemlich gut ausgeprägte Varietäten a^1 und m^1 hervorgebracht. Diese zwei Varietäten werden im allgemeinen denselben Bedingungen ausgesetzt sein, die ihre Stammeltern zur Abänderung veranlaßten, und das Streben nach Abänderung an sich ist erblich. . . . So können wir den Vorgang für eine beliebig lange Zeit von Stufe zu Stufe fortführen. . . . In unserem Schema ist der Vorgang bis zur 10000. Generation und in einer gedrängteren und vereinfachten Weise bis zur 14000. Generation dargestellt. Doch muß ich hier bemerken, daß ich nicht annehme, daß der Prozeß jemals so regelmäßig und beständig verläuft, wie er im Schema dargestellt ist . . . ; es ist viel wahrscheinlicher, daß eine jede Form lange Zeit unverändert bleibt und dann wieder einer Modifizierung unterliegt.«

Aus: S. Sᴄʜᴍɪᴛᴢ: Charles Darwin. Düsseldorf 1983, S. 94-95

Charles Darwin verdeutlichte sich die Ausdifferenzierung von Charakteren im Evolutionsprozeß durch die "schematische Darstellung der Divergenz der Charactere" (s. Abbildung auf der nebenstehenden Seite). Aus diesen Schemata kann der junge Wissenschaftler lernen, daß er sich beim Schreiben um eine frühe Schematisierung der Grundideen seines Textes bemühen muß. **Aufgabe:** Bevor Sie einen Text schreiben, zeichnen Sie erst einmal ein Schema der Grundgedanken Ihres Textes. Stützen Sie sich dabei auf die Beispiele von Marx, Freud oder Drawin.

3.2.2 Schreibstimuli

Wenn Sie Schwierigkeiten haben sich mit einem Thema einzulassen, benutzen Sie folgende Assoziations- und Visualisierungstechniken:

Verfremdung der Wahrnehmung. Versetzen Sie sich in die Rolle eines Journalisten, der für eine Zeitschrift einen Artikel über Ihr Thema schreiben soll und benutzen Sie alle Techniken der Recherche, um mehr über Ihr Thema zu erfahren. Suchen Sie sich Menschen, die sich gut mit Ihrem Thema auskennen und befragen Sie diese. Formulieren Sie für eine Diskussion alle Thesen, die Sie zu Ihrem Thema vortragen wollen. Borgen Sie sich viele Bücher zu Ihrem Thema und lesen Sie nur die Abschnitte in den Büchern, die Sie interessieren. Achten Sie auf die Emotionen, die Ihr Thema in Ihnen hervorruft (Furcht, Angst, Traurigkeit, Fröhlichkeit, Ruhe, Nervosität). Je mehr Sie Ihre Gefühle zu Ihrem Thema kennenlernen, um so mehr dringen Sie in die Interessen ein, die Sie mit der Bearbeitung Themas befriedigen wollen und die Sie am Schreiben halten oder Ihr Schreiben bremsen.

Informationen sammeln
Legen Sie sich eine Kartei an mit alphabetischen Stichworten zu Ihrem Thema. Eine andere Kartei mit bibliographischen Angaben. Sammeln Sie alle Texte, die zu Ihrem Thema passen. Gehen Sie in die größte Bibliothek, benutzen Sie dort den Schlagwortkatalog. Nachschlagewerke aus verschiedenen Wissenschaften im bibliographischen Lesesaal der Bibliothek können Ihnen Ihr Thema genauer erklären und verweisen zugleich auf weitere wichtige Literatur. Außerdem können Sie sich per Computer themenbezogene Literaturlisten ausdrucken lassen, wenden Sie sich deshalb an einen Bibliothekar. Sammeln Sie die Namen der wichtigsten Autoren zu

Ihrem Thema und besorgen Sie sich Biographien oder Autobiographien dieser Autoren. Sie bekommen so einen privaten engen Kontakt zu diesen Autoren und deren Gedanken werden Ihnen biographisch konkret und damit faßbar. Sie verstehen die Argumente dieser Autoren besser und können die Grenzen ihres Denkens im Rahmen ihrer Zeit, ihrer Lebenswelt und Familienstruktur besser kennen.

Bewußtseinssteigerung

Wer an einem Thema arbeitet, verändert sein Bewußtsein. Die Welt wird reduziert und vertieft sich zugleich. Man stößt nun auf den lebendigen Prozeß der Wissenschaft. Zu dem eigenen Thema gehören Netzwerke von Personen, Zyklen von Tagungen und Kongressen, Zeitschriften und Buchreihen, Verlagen, Nachrichten in Rundfunk und Fernsehen; Konkurrenten, die am gleichen Thema arbeiten usw. Vertiefen Sie Ihre Sinne, tauchen Sie in die neue kleine Welt Ihres Themas ein. Knüpfen Sie Kontakte in dieser Welt, besuchen Sie Tagungen, rufen Sie Teilnehmer des Netzwerkes an und nehmen Sie an öffentlichen Tagungen teil, übernehmen Sie möglichst Protokolle, das stärkt Ihr Ansehen. Gehen Sie mit wichtigen Informanten auf ein Bier. Oft ist der informelle Teil des Netzwerkes oder einer Tagung zum Thema wichtiger als der formelle Teil. "Das ist eines der wichtigsten Dinge beim Schreiben, es erweitert Ihr Bewußtsein über die Welt um sie herum." (D.M. Murry: Write to Learn. a.a.O., S. 49)

Spielen Sie Kamera

In den Sozial- und Geisteswissenschaften kommen viele Themen auch im Alltagsleben vor. Zum Beispiel wird überall erzogen, Gesellschaft findet in der Familie und vor der Haustür statt, Poltik wird ständig veröffentlicht. Identifizieren Sie die sozialen Orte Ihres Themas. Entwerfen Sie einen Beobachtungs- oder Fragebogen, mit dem Sie den Ort Ihres Themas aufsuchen. Schreiben Sie dort Ihre Erfahrungen auf wie ein Ethnologe, der einen fremden Stamm bei einer Initiationszeremonie beobachtet. Auch bei jeder Bewegung in der Gesellschaft achten Sie darauf, ob Sie Ihrem Thema empirisch ansichtig werden, ob Sie Orte Ihres Themas entdecken können und Wege, wie Sie zu diesen Orten gelangen können. Eine erhebliche Erweiterung Ihrer Information zu Ihrem Thema erlangen Sie dann, wenn Sie sich emphatisch mit den Personen, die mit Ihrem Thema zu tun haben, identifizieren. "Diese emphatischen Imaginationen liefern keine Fakten, aber Sie können uns die faktischen Verhältnisse verstehen lernen von der Welt, die wir beobachten." (D.M. Murry: Write to Learn. a.a.O., S. 250)

Vertiefen Sie sich in Ihr Thema

Damit Ihnen Ihr Thema klarer wird, sprechen Sie über Ihr Thema mit Lehrern und Professoren, die das Thema bewerten sollen. Achten Sie darauf, wie Ihr Unbewußtes mit dem Thema umgeht. Achten Sie auf Ihre Träume, deuten Sie Ihre Träume und sehen Sie zu, was Ihr Unbewußtes zu Ihrem Thema zu sagen hat. Meißt heißt sich in ein Thema zu vertiefen, es einzugrenzen. Je enger Sie Ihr Thema fassen, um so mehr können Sie es vertiefen. Sammeln Sie einmal alle Gründe, die für eine Themabegrenzung sprechen.

3.2.3 Schreibstafette beim Beginn des wissenschaftlichen Schreibens

Beim Beginn des wissenschaftlichen Schreibens können Sie auch die wichtigsten Schreibtechniken zu einer Schreibstafette zusammenstellen. Sie entwickelt sich vom ersten Wort zum Thema bis zu kleinen Texten. Sie umfaßt folgende Übungen zu Ihrem gewählten Thema:

- Meditieren Sie
- Machen Sie zu Ihrem Thema ein Brainstorming in der Klasse/ Seminargruppe
- Freie Assoziation zum Thema
- Assoziationskette
- Schnelles Schreiben
- Automatisches Schreiben
- Arbeiten Sie mit dem Cluster
- Benutzen Sie Mind-Maps
- Bilden Sie induktive und deduktive Leitern
- Malen Sie Büsche und Bäume
- Gliedern Sie Ihr Thema: Vergleich, Beziehung, Grenzen, Wissensstand
- Stellen Sie alle möglichen Fragen an Ihr Thema
- Probieren Sie Schreibstimuli zum Thema aus: Lesen, Informationen sammeln, Bewußtseinssteigerung, Kamera spielen, Thema vertiefen.

3.3 Kreative Methoden für die Schaffung von Schreibstimuli am Material

In der zweiten Phase wird das Thema erforscht und das Material gesammelt, das zum Thema paßt. Dafür ist es zuerst wichtig zu klären, welche Arten von Informationen man für die Bearbeitung des gewählten Themas braucht.

Informationssortiment
Gehen Sie folgende Liste durch und kreuzen Sie an, welche Informationen Sie für die Bearbeitung Ihres Themas brauchen können:

- Fakten
- Statistiken
- Beobachtungen
- Berichte
- Befragungen
- Anekdoten
- Theorien
- Bilder
- Prinzipien
- Gesichter
- Fragen und Antworten
- Grundmuster
- Probleme und Problemlösungen
- Ideen
- Prozesse
- geschichtliche Perspektiven

Um an derartige Informationen zu kommen, gibt es folgende kreative Methoden der Informationssammlung:

Die Suche nach Schreibstimuli
Achten Sie darauf, welche Information zum Thema Ihre offenen Sinne und Ihr gespanntes Interesse Ihnen zuspielen: Gedanken, Gefühle, Erinnerungen, Hinweise in den Medien, der Presse. Auch im täglichen Lesefutter können durchaus Hinweise auf Ihr Thema enthalten sein. Sammeln Sie alle Informationen, die Sie zum Schreiben reizen. Sie müssen immer viel mehr Informationen haben, als Sie schließlich in Ihrer Arbeit verwenden können. Beachten Sie das von Anfang an.

Erinnerungen

Unser passives Gedächtnis ist weit größer als unserer aktives Gedächtnis. Am Leitfaden unserer Autobiographie umfaßt unser passives Gedächtnis viele Informationen, die wir für unsere Arbeit fördern müssen, um Sie im Schreibprozeß nutzen zu können. Achten Sie auf Kindheitserinnerungen, die das Thema bei Ihnen anstößt, Sie könnten wichtige Fingerzeige für Ihr Schreiben enthalten. Stellen Sie sich einmal folgende Frage: Welche Kindheitserinnerungen habe ich zu meinem Thema?

Lesen

Es gibt viele Arten zu Lesen. Wichtig für die Sammlung von Informationen zum Thema ist das **schnelle Lesen**. Es eröffnet die Möglichkeit, wichtige Informationsquellen zu entdecken, die dann mit dem zweiten **langsamen Lesen** erschlossen werden. Vorschlag: Protokollieren Sie einmal die Ergebnisse des schnellen Lesens und des langsamen Lesen eines Textes.

Absahnen

Oft finden wir beim Lesen nicht die richtigen Information. Um die wichtigsten Informationen zu erkennen, ist folgende Absahnliste nützlich:

① Titel der Quelle
② Name des Autors und sein Verhältnis zum Thema
③ Inhaltsverzeichnis prüfen, ob es Abschnitte zum Thema enthält
④ Prüfung der Register, ob wichtige Stichworte verzeichnet sind, die zum Thema gehören
⑤ Prüfung der Bibliographie, um weiterführende Literatur zu finden.

Haben Sie wichtige Stellen im Buch entdeckt, schreiben Sie Zusammenfasssungen, Exzerpte, eine Kurzbesprechung des Buches, ein Glossar der wichtigsten Begriffe.
Hinweis: Probieren Sie es aus, sahnen Sie mal ein zum Thema passendes Buch vollkommen ab.

Leute befragen

Fachleute genießen es, befragt zu werden. Bereiten Sie ein Interview vor. Entwickeln Sie wenigstens fünf Fragen. Wenn Sie ein Tonband benutzen, schreiben Sie sich auch Stichworte mit, das erleichtert die Arbeit mit den gewonnenen Tonbanddaten.
Hinweis: Überlegen Sie, welche Leute Sie zu Ihrem Thema befragen müssen und welche fünf Fragen Sie Ihnen stellen werden.

Telefon und Briefpost benutzen

Die meisten Texte der grauen Literatur (Kongreßberichte, interne Untersuchungen, Papers usw.) erhält man zu seinem Thema nur dann, wenn man über Telefon oder Brief an Institutionen, Akademien, Ämter und Forschungsinstitute herantritt.

Hinweis: Nennen Sie fünf Orte, die Sie massenkommunikativ für Ihr Thema kontakten können.

Bibliothek aufsuchen

Was der Wind für den Seemann, das ist die Bibliothek für den Schreiber. Die Bibliothek (Bezirks-, Uni-, Staats- oder Institutsbibliothek) haben Schlagwortkataloge, Bibliographien, Bibliothekare, die vieles wissen, was für Ihr Thema wichtig ist. Notieren Sie jeden Hinweis, den Sie durch eine Bibliothek bekommen.

Hinweis: Auch in der zweiten Arbeitsphase suchen Sie die wichtigsten Bibliotheken zu Ihrem Thema auf. Fertigen Sie mal einen Bericht in Ihrem Journal über diesen Besuch an.

Beobachtungen

Gehen Sie an den Ort, der wichtig für Ihr Thema ist. Alle fünf Sinne werden Ihnen dort Informationen über Ihr Thema zuspielen.

Hinweis: Klären Sie noch einmal, welches die wichtigsten Orte für Ihr Thema sind.

Beschreiben

Beschreibungen sind eine wichtige Grundform wissenschaftlichen Schreibens. Beschreibungen lassen sich steigern. Beginnen Sie mit der Beschreibung eines Platzes, einer Person, eines Platzes mit Person, Personen in Interaktion mit anderen Personen, eines Ereignisses, einer Idee, einer Theorie, die alle mit Ihrem Thema zu tun haben. Beschreibungen üben alle Qualitäten eines guten wissenschaftlichen Stils. Seien Sie also sehr genau, erwähnen Sie konkrete Details und konzentrieren Sie sich auf einen primären Hinweis.

Übung: Beschreiben Sie nun einmal das Fenster, aus dem Sie gerade blicken können.

Der Prozeß des Sammelns von Informationen begleitet den ganzen Schreibprozeß.Während des Sammelns von Informationen steht der Schreiber vor der Aufgabe, aus dem Chaos der Informationen das herauszufinden, was ihm für sein Thema nützlich ist und was für den Leser seiner Arbeit eine neue Information bedeutet. Der Schreiber sucht schon während des Sammelns von Informationen nach einem "roten Faden" seines Textes. Er konzentriert sich mehr und mehr auf einen Brennpunkt.

3.4 Kreative Methoden für die Entwicklung eines differenzierten Schreibkonzeptes: Der Brennpunkt

In der dritten Phase des wissenschaftlichen Schreibens geht es darum, für das gewählte Thema den Brennpunkt zu finden. Der Schreiber muß zudem sicherstellen, daß er diesen Brennpunkt weiterentwickeln kann. Alle bisherigen Schreibübungen sollten zur Unterstützung der Vertiefung des Brennpunktes einen Beitrag leisten.

Für diese neue Phase gibt es folgende kreative Methoden:

Auf den Anfang achten
Schon während des Prozesses des Sammelns von Informationen können sich die Gefühle, vor einem Textanfang zu stehen, verstärken. Wenn die Widersprüche des Themas zunehmen, die inneren Konflikte (die kognitive Dissonanzen) sich steigern, eine bestimmte Melodie des Textes sich einstellt und der behagliche Wunsch zu schreiben da ist, dann kann der Text beginnen. Er beginnt in verschiedener Erscheinung: Er beginnt z.B. als ein **Wort**, als ein Schlüsselwort, das das erste Aufblitzen des Brennpunktes anzeigt. Er beginnt als ein **Fragment**, ein Satz stellt sich ein, der viele Konnotationen für den Brennpunkt enthält oder es erscheint ein **Bild**, das alle wesentlichen Aspekte des Brennpunktes in einer Schlüsselszene umfaßt. Es gibt aber auch das Auftauchen einer **Liste von Wörtern**, die den Brennpunkt exakt umschreibt und schließlich erscheint der Anfang als ein **Impuls**, der sich als Frage darstellt, als Fakt, als wichtigstes Detail, als **roher Text** aus einem früheren Arbeitsschritt.
Aus dem Aufblitzen des Brennpunktes entsteht der erste Textentwurf. Dieser Entwurf muß schnell und völlig unkritisch niedergeschrieben werden. Mit diesem ersten Text ist der Weg zur Ausarbeitung des Brennpunktes beschritten.

Anfangsimpuls

Schreiben Sie einen ersten Entwurf Ihres Themas, eine Art roter Faden, ausgehend von einem Anfangsimpuls. Versuchen Sie das selbe mit einem Anfangswort, mit einem Anfangsfragment, mit einem Anfangsbild oder einer Anfangsliste.

Die eigene Stimme finden

Jeder Text, den man schreibt, spiegelt den eigenen Charakter wieder. Wer seinen charakteristischen Schreibstil kennt, wird schon ahnen können, was er aus dem Brennpunkt des Anfangs machen kann. Die Stimme des Textes macht Vorschläge für den roten Faden, wenn man in der Lage ist, auf diese Stimme zu hören.

Hinweis: Geben Sie mit Stichworten an, wie Ihr erster Entwurf erweitert werden könnte.

Kurzfassung

Schreiben Sie auf einer Seite nieder, was in Ihrer Arbeit stehen soll. Aber bedenken Sie, daß das weitere Schreiben ein Abenteuer ist. Halten Sie also alles offen. Kolumbus wollte Indien entdecken und das war nötig, damit er wenigstens nach Amerika kam.

Mit dem Ende beginnen

Schreiben Sie die letzten zehn Sätze Ihrer Arbeit und Sie haben eine gewisse Sicherheit, daß alle fehlenden Seiten vorher auch nach und nach auf das Papier kommen werden.

Schreibbilder

Sicher haben Sie aus der ersten Schreibphase noch ein Schreibbild: Ein Mindmap, einen Baum, eine Leiter, ein Cluster. Sehen Sie zu, ob es den Anstoß zur Ausgestaltung des Brennpunktes gibt. Zeichnen Sie für jedes Textdetail, das Sie nun erforschen wollen, ein neues Schreibbild, wie Sie es in der ersten Phase gelernt haben. Achten Sie aber auch auf spontane Bilder, die sich im geistigen Auge einstellen, wenn Sie an die Schreibarbeit gehen. Diese Bilder sind oft der entscheidende Wegweiser beim Schreiben.

Hinweis: Entwerfen Sie in Form von Kritzelzeichnungen ein paar "spontane Schreibbilder".

Wünsche des Lesers

Oft stellt sich der Brennpunkt des Textes besser ein, wenn man ihn aus der Sicht des Lesers des Textes beschreibt. Schreiben Sie eine Kurzfassung

Ihres Textes aus der Sicht eines "imaginären Lesers" oder aus der Sicht des prüfenden Lehrers bzw. des Hochschullehrers.

Auf Distanz gehen
In der Distanz sehen Sie Ihren ersten Text schärfer. Es fällt Ihnen auch mehr zu ihm ein. Überschlafen Sie Ihren Text und betrachten Sie ihn einen Tag später, vielleicht hat Ihr Unbewußtes ihn über Nacht ergänzt, vertieft und korrigiert.

Autobiographische Erzählungen
Beschreiben Sie die autobiographischen Motive, die Sie in der aktuellen Schreibphase an Ihrem Thema motivieren. Wählen Sie zwischen folgenden Schreibmotiven aus:

- Anderen Gefühle und Ideen mitteilen wollen
- Eigene Fähigkeiten vertiefen
- Ein Stück Selbstanalyse machen
- Eine Prüfung bestehen
- Dem Alltag entfliehen
- Andere Wissenschaftler widerlegen wollen

Auf diese Weise wird Ihnen Ihr Thema (auch in dieser Schreibphase) aus Ihrer subjektiven Motivation besser bekannt.

3.5 Kreative Methoden zur Gestaltung der Roh-, Überarbeitungs- und Endfassung des Textes

In der vierten Phase muß der endgültige Text entstehen. Auch das geht beileibe nicht mit einem Schlag. Sie müssen zuerst Ihre Endgliederung ordnen, dann die Rohfassung niederschreiben und schließlich durch Überarbeitung des Textes die Endfassung Ihres Textes herstellen. Für diese drei Arbeitsschritte der Endrunde gibt es folgende Techniken:

3.5.1 Techniken für die endgültige Gliederung

Die endgültige Gliederung des Textes muß stehen, bevor die letzte Arbeitsphase absolviert werden kann. Diese Gliederung muß folgende Elemente umfassen:

Elemente der endgültigen Gliederung

Die endgültige Gliederung muß **Mauern** haben, die die Textabschnitte richtig voneinander trennt. Sie muß ein **Zentrum** haben. Sie muß **Energie** ausstrahlen und schließlich **Beziehungen** aller inhaltlichen Elemente schaffen. Sie sollte schließlich auf ein **Resultat** abzielen.

Hinweis: Sehen Sie einmal nach, ob Ihre Gliederung Mauern, ein Zentrum, viel Energie, Beziehungen und ein Resultat aufweist.

Der vielversprechende Textanfang

Der Anfang eines Textes entscheidet über die Reaktion des Lesers. Am Textanfang erhält der Leser folgende Informationen: Den Schwerpunkt des Textes, den Kontext der Fragestellung, die Form, die Bedeutung des Textes, die Qualifikation des Schreibers, die Länge, das Tempo, die Gliederung und den Schluß des Textes. Hinweis: Überprüfen Sie Ihren Textanfang, ob er diese Gesichtspunkte schon erfüllt. Die Planung des Textanfanges sollte den Schreiber während der ganzen Textarbeit beschäftigen. Mehrere Entwürfe des Textanfanges sind Bestandteil einer gelungenen Gliederung.

Gesichtspunkte für einen guten Textanfang

Ein Textanfang muß etwas **neues bieten**. Vielleicht beginnt er mit einer **Schlüsselanekdote** oder mit einem **Zitat**. Man kann ein **Problem** aufwerfen, eine **Frage**, die eine Perspektive beschreibt, die den Text prägen wird. Beim Textanfang kann auch eine **Person** geschildert werden, mit der sich der Leser leicht identifiziert. Eine **Szene** oder ein **Dialog** können den Leser von Anfang an in den Bann schlagen. Es könnte auch ein **Prozeß** beschrieben werden, der den Leser auf die Lösung gespannt macht.

Hinweis: Wählen Sie einen Gesichtspunkt und schreiben Sie danach Ihren Textanfang.

Überschriften

Die Überschriften und die Titel der Zwischenkapitel der Gliederung sind sehr wichtig. Sie leiten den Leser. Es ist gut, alle Überschriften im Brainstorming-Verfahren mehrfach zu formulieren. Erst die beste Überschrift sollte die endgültige sein.

Hinweis: Spielen Sie mit den wichtigsten Überschriften des Textes, legen Sie Varianten vor und entscheiden Sie sich dann für die beste Überschrift.

Schlüsse

Gute Textschlüsse sind wie gute Textanfänge. Wie der Textanfang kann auch der Schluß etwas **neues bieten**, eine **Schlüsselanekdote**, ein **Zitat** enthalten, ein **Problem** aufwerfen, eine **Frage** stellen, eine **Person** schildern, einen **Prozeßanfang** aufzeigen.

Hinweis: Überprüfen Sie alle Schlußplanungen in Ihrer Gliederung auf einen leserfreundlichen Inhalt und prüfen Sie, ob einer der hier gewählten Schlüsse Ihnen zusagt.

Ehe Sie mit einer Rohfassung Ihres Textes beginnen, schreiben Sie erst einmal einen roten Faden, der alle Abschnitte der Gliederung berührt und in einen Zusammenhang bringt (J.A.W. HEFFERMANN, J.E. LINCOLN: Writing. A College Handbook, a.a.O., S. 31-35).

Es gibt viele verschiedene Formen des **roten Fadens**, die wir Ihnen jetzt vorstellen wollen:

Der Klassische

Titel, Einleitung, Fragen und Antworten, Schluß.

Der Formale

Alle Abschnitte werden mit Nummern gekennzeichnet. Es entstehen numerierte Haupt- und Nebenabschnitte. Hier besteht die Gefahr, daß der Schreibfluß sehr stark kanalisiert wird.

Brainstormingliste

Es werden zwei Spalten angelegt. In die linke Spalte wird Anfang, Mitte, Ende des Textes eingetragen. In die rechte Spalte werden alle Einfälle eingetragen, die zu dieser Gliederung gehören.

Kastensystem

Jeder Abschnitt des Textes wird in einen Kasten geschrieben. Mit der Größe der Kästen können die Gewichte der Abschnitte markiert werden.

Fragen des Lesers

Jeder Abschnitt stellt die Antwort auf eine Frage des Lesers dar. Schreiben Sie für jeden Abschnitt die Leserfrage auf.

Flußdiagramm

Stellen Sie Ihre Gliederung einmal ganz verfremdet als Flußdiagramm dar, wie es in der Organisationssoziologie verwendet wird: Mit Kästen, Pfeilen, Black Boxes und der Darstellung der Entwicklung von Inputs und Outputs.

Karteikarten

Schreiben Sie jeden Abschnitt Ihres Textes in Kurzform auf eine Karteikarte. Mischen Sie die Karten, lesen Sie sie und bringen sie dann in eine Ordung, die dem Fluß der Gedanken am besten entspricht.

Schnellhefter

Bei langen Texten kann jeder Textabschnitt in einen Schnellhefter kommen, in dem dann auch alles Material gesammelt wird, das zur Bewältigung des Abschnittes gehört: Zitate, Exzerpte, Fotos, Artikel usw.

Hinweis: Probieren Sie wenigstens zwei Formen des roten Fadens für Ihren Text aus und entscheiden Sie sich dann, welcher der bessere ist.

Spezielle Gliederungsstrategien

Man kann die generellen Ordnungsmuster für die Gliederung des Themas nutzen, die wir auch sonst beim Ordnunen unserer Erfahrungen gebrauchen.

Bei Ihrem Thema muß nun entschieden werden, welche Gliederungsstrategie nützlich ist und ob eine Mischung von Ordnungsprinzipien Ihrem Thema entsprechen könnte (J. BLUM u.a.: A Guide to the whole Writing Process, Boston 1988, s. 53-67).

Ordnungsstrategien	Ordnungsprinzipien
1. Vom Allgemeinen zum Besonderen	Ordnen Sie ihre Gliederung von einem allgemeinen Gesichtspunkt, dem Sie alles Besondere subsumieren
2. Vom Besonderen zum Allgemeinen	Ordnen Sie besondere Details, Fakten und Beispiele ihres Themas auf einen allgemeinen Gesichtspunkt
3. Nach dem Gefühl	Beginnen Sie mit dem weniger wichtigen und steigern Sie sich bis zum wichtigsten
4. Nach der Zeit	Beginnen Sie mit dem ältesten und schließen Sie mit dem neuesten
5. Ursachen / Wirkungen	Beginnen Sie mit den Ursachen und kommen Sie dann zu den Wirkungen (und umgekehrt)
6. Gleichheit / Unterschiede	Ordnen Sie nach Gleichheiten und Unterschieden
7. Wechsel	Ordnen Sie, indem Sie den Wandel aufzeigen
8. Ganzes und Teile	Ordnen Sie nach den Beziehungen der Teile zum Ganzen

3.5.2 Techniken für die Abfassung der Rohfassung und für die Bewältigung von Schreibblöcken

Mit dem Beginn der Rohfassung beginnt der Kampf mit den Schreibblöcken (M. ROSE (Hrsg.): When a writer can't write. New York 1985, M. ROSE: Writers block. Carbondale 1984, LEANDER Z.: Writers block. Baltimore 1991, I. MUNDIS: Break writers block now. New York 1991). Um mit dem Schreiben beginnen zu können, gilt die Regel: Schreibe erst ganz schlecht, mit ganz niederem Anspruch und die Schreibblöcke werden nicht sehr stark. Sind Sie dann im Schreiben, können Sie Ihre Ansprüche steigern und sich freischreiben. Folgende Schreibtechniken für die Rohfassung sind in Amerika erprobt:

Schnell-Schreiben
Je schneller Sie schreiben, um so weniger kontrollieren Sie sich und es kommt etwas auf das Papier. Wenn Sie erst einmal schreiben, geht es dann ganz automatisch. Es geht darum, nicht über das Schreiben nachzudenken, sondern zu schreiben. Sie haben sich in drei Stufen auf das Schreiben vorbereitet. Jetzt lassen Sie es fließen. Schreiben Sie so schnell, daß der Zensor Ihnen nicht folgen kann (S. KAYE: Writing under Pressure. The Quick Writing Process. New York 1989). Denken Sie immer daran, der Duden ist jetzt reine Schundliteratur. Je mehr Angst Sie vor dem Schnell-Schreiben haben, um so schneller sollten Sie schreiben. Schnell-Schreiben schafft Ihnen gedankliche Zusammenhänge, auf die Sie beim ruhigen Grübeln nie und nimmer gekommen wären. Denken Sie daran, auch Heinrich von Kleist hat die wichtigsten seiner Gedanken im Gedankenfluß entwickelt. Nachzulesen in seinem Essay "Über die allmähliche Verfertigung der Gedanken beim Reden."

In Schichten Schreiben
Diese Technik ist dem Malen von Ölbildern vergleichbar. Textschicht wird auf Textschicht gelegt. Erst kommt eine ganz rohe Fassung und auf diese wird durch Mehrfachschreiben die feinere Fassung gelegt. Es wird im Text durchaus gesprungen. Immer wird der Teil geschrieben, der gerade Spaß macht. Auch dieser Text wird später durch eine neue Textfassung abgelöst. Langsam wächst ein Text so zusammen, wie auch ein gutes Ölbild entsteht.

Lautes Schreiben

Viele Schreiber sprechen ihren gerade zu schreibenden Text im Inneren ohne die Lippen zu bewegen, andere reden ihn laut heraus. Schreiben Sie einmal Ihren Text laut, oder wenn Sie das stört, reden Sie Ihren Text leise in sich hinein, während Ihre Schreibhand auf dem Papier (oder auf dem Computer) tanzt. Diese innere Stimme wird Sie führen (R. OCHSNER: Physical Eloquence and the Biology of Writing. Albany 1990, S. 77-106).

Zuviel Schreiben

Achten Sie beim Schreiben nicht auf sich, achten Sie darauf, daß Ihre gesammelten Informationen auf das Papier kommen. Schreiben Sie ruhig zuviel, schreiben Sie viel zuviel. Sie haben dann die Chance, beim Kürzen etwas, das stimmt, stehen lassen zu können. Peter Elbow nennt diese Technik des wissenschaftlichen Schreibens "Collagetechnik": Aus den besten Texten eines großen Textes werden die Abschnitte eines kürzeren, besseren Textes gewonnen (P. ELBOW: Writing with Power, a.a.O., S. 147-166).

Mit Überzeugung Schreiben

Hangeln Sie sich beim Schreiben bloß nicht von Zitat zu Zitat, weil Sie glauben, daß die Autorität der Zitate Sie schützt. Schreiben Sie erst einmal Ihre Überzeugungen nieder und sehen Sie dann, wo die Autoritäten mit Zitaten helfen können, Ihren Anssichten und Ihren Argumenten noch mehr Tiefe zu geben.

Wie Schreibblöcke bekämpft werden können

Die Abfassung des Rohentwurfs wird meist von Schreibblöcken begleitet. Sie stoppen und können nicht weiter. Ihnen gefällt die ganze Gliederung nicht mehr, aber eine neue fällt Ihnen nicht ein. Im folgenden stellen wir Ihnen eine Reihe von Übungen vor, damit Sie über Ihre Schreibblöcke hinwegkommen oder um das Auftreten von Blockaden abzuschwächen.

- Jeden Tag wenigstens eine Zeile schreiben. Damit wird Schreiben zu einer alltäglichen Sache, die immer wieder gelingt.
- Stellen Sie sich vor, Sie schreiben nur einen Brief an einen Freund. Beginnen Sie Ihren Text mit "Lieber..." . Diese Anrede können Sie später streichen.
- Wechseln Sie Ihr Schreibzeug. Wechseln Sie vom Füller zum Bleistift, vom Buntstift zum Computer oder zur Schreibmaschine. Dabei merken Sie, daß Schreiben im Grunde ein Spiel ist.

- Erzählen Sie einem Freund, was Sie schreiben wollen und schreiben Sie es dann. Oft fällt das Erzählen leichter als das Schreiben.
- Schreiben Sie die Gründe nieder, warum Sie überhaupt nicht schreiben können. Ist Ihnen der Schreibblock klar, ist er auch zu lösen.
- Beschreiben Sie Ihre Gefühle, als das Schreiben einmal gut ging. Vielleicht kommt so der Spaß am Schreiben wieder.
- Befragen Sie andere Schreiber nach Ihren Tricks, mit dem sie das Schreiben beginnen (D.L. CARROL: A Manual of Writer Tricks. New York 1990, S. 117-127).
- Wechseln Sie Ihre Schreibzeit. Vielleicht läßt sich nachts schreiben, was am Tag überhaupt nicht ging.
- Sagen Sie sich oft beim Schreiben, das ist nur ein Experiment, ich spiele nur, Schreiben ist ganz leicht, Schreiben macht Spaß (wenn Sie autogenes Training können, nehmen Sie derartige Vorsätze in Ihr Unterbewußtsein auf) (I. MUNDIS, a.a.O., S. 57-62).
- Diktieren Sie Ihren Text auf Tonband und lassen Sie ihn dann von jemand anderem schreiben.
- Machen Sie einfach eine Pause und versuchen Sie es später noch einmal.
- Lesen Sie das, was Sie gerade geschrieben haben, noch einmal durch, und achten Sie auf neue Einfälle zum Weiterschreiben.
- Schreiben Sie für einen Leser, von dem Sie annehmen, daß er Ihren Text gut gebrauchen kann, oder für einen Leser, der Ihrer Arbeit generell positiv gegenübersteht.
- Machen Sie einen Spaziergang, heben Sie Gewicht, joggen Sie, tanzen Sie, gehen Sie schwimmen. Alles was Ihren Kreislauf aktiviert, könnte auch Ihre Schreiblust wiederbeleben. Auf jeden Fall kürzen Sie Ihre Schreibzeit um 75%! (I. MUNDIS, a.a.O. S. 80-85)
- Wechseln Sie Ihren Schreibplatz. Ein Platz in einem Nachtcafe war der ideale Schreibplatz der Expressionisten. Schreiben Sie mal in Ihrer Küche, auf dem Balkon, prüfen Sie, ob das Schreiben dort besser geht. Der entlastende Blick aus dem Fenster kann auch helfen. Nur müssen Sie herausfinden, welche Art Ausblick Sie brauchen: eine Landschaft, eine Mauer, eine Straße?
- Malen Sie in Gedanken ein Bild oder eins auf Papier. Machen Sie Fotos oder Collagen zu dem Thema, zu dem Sie nichts schreiben können.

- Versuchen Sie eine Phase "freewriting", so schnell und so exzessiv Sie können (P. BELANOFF, P. ELBOW, S.L. FONTAINE: Nothing beginns with N. New Investigations of Free writing. Carbondale 1991, S. 283ff).
- Stoppen Sie in der Mitte des Satzes. Dieser Trick ist besonders wichtig, wenn Sie plötzlich unterbrochen werden und später weiterschreiben wollen. Am Ende des Schreibens eines Kapitel achten Sie darauf, vom neuen Kapitel wenigstens schon den Anfang zu schreiben, oder eine kleine Extra-Gliederung des kommenden Kapitels zu machen, sonst kann es hier einen längeren Schreibblock geben.
- Schreiben Sie die leichtesten Teile Ihres Textes zuerst.
- Muntern Sie sich auf. Wenn Sie rauchen, rauchen Sie erst, wenn Sie Ihr Pensum geschrieben haben. Nach einem Abschnitt spendieren Sie sich eine Tasse Kaffee. Spielen Sie Musik, wenn das Ihren Schreibfluß fördert, aber achten Sie darauf, daß es die richtige Musik ist!
- Beginnen Sie Ihr Schreiben, indem Sie sich vom Text eines anderen Autors anregen lassen.
- Lesen Sie sich durch, was andere Schreiber über das Bewältigen von Schreibblöcken geschrieben haben (D.L. CARROL, a.a.O., S. 29-44).
- Machen Sie Ihre Schreibziele immer bewältigbarer. Merke: Sie können einen Elefanten niemals mit einem Biß herunterbekommen.
- Schreiben Sie ein Pseudonym auf Ihr Schreibpapier und spielen Sie dann die Rolle des eigenen Ghostwriters, das erleichtert.
- Beteiligen Sie Ihr Unbewußtes am Schreibprozeß. Stellen Sie sich darauf ein, daß Ihr Unbewußtes mitarbeitet. Achten Sie auf plötzliche Einfälle Ihres Unbewußten zum Thema. Wenn diese Einfälle nützlich sind, beginnen Sie zu schreiben.
- Machen Sie gar nichts, hören Sie die Stille, genießen Sie die Ruhe, und vielleicht ergibt sich plötzlich die nächste Zeile, die Sie wieder zum Schreiben bringt. Schreiben Sie in der Stille einmal ein Haiku (W.J. HIGGINSON: The Haiku Handbook. New York 1985, S. 165-189).
- Reden Sie mit Ihrem Über-Ich. Sprechen Sie es in einem Dialog an und fragen Sie es, warum es Sie hindert, mit dem Schreiben fortzufahren. Seien Sie sicher, daß dieser innere Dialog einige der Gründe für Ihre Schreibblöcke zu Tage fördert (S. EDELSTEIN: The No-Experience Necessary Writers Course. Chelsea 1990, S. 182-184). Denken Sie an die drei großen Killer des Schreibens: Perfektionismus, Furcht, Größenphantasie (I. MUNDIS, a.a.O. S. 35-48)

Diese Vorschläge sollen Sie anregen, eine Liste mit eigenen Schreibstimuli anzulegen. Gehen Sie bewußt mit Ihren Schreibblöcken um: Sie lassen sich niemals verhindern, aber oft bewältigen. Und denken Sie daran: Schreibblöcke kann jeder haben, Sie sind unter Leistungsstreß und unter Examensängsten geradezu die Regel. Sprechen Sie auch einfach einmal mit Ihrem Professor über Schreibblöcke; gehen Sie eventuell auch in eine Studienberatung, und bringen Sie dort Ihre Schreibblöcke zur Sprache, oder gründen Sie mit Studienkollegen oder Klassenkameraden eine Selbsthilfegruppe, in der jeder über seine Schreibblöcke spricht und Texte über die Überwindung von Schreibblöcken anfertigt.

Sechs Übungen, um Schreibblöcke aufzulösen:
Folgende Übungen könnten in einer Selbsthilfegruppe praktiziert werden, die sich zum Zwecke der Bewältigung Ihrer Schreibhemmungen, Schreibängste und Schreibblöcke zusammengefunden hat. Die Übungen sind so ausgewählt, daß Sie allen Teilnehmern Mut zum Schreiben machen sollen.

Die zehn größten Ängste
Stellen Sie sich die zehn größten Ängste vor dem Schreiben vor:

- Ich kann es nicht
- Ich habe kein Talent
- Ich habe nichts zu sagen
- Ich weiß nicht, wie ich das schreiben soll, was ich schreiben will
- Ich bin niemals so gut wie die Autoren, die ich gelesen habe
- Ich weiß nicht wie und wo ich anfangen soll
- Was ich schreibe, wird sicherlich nicht viel Wert sein
- Ich war schon immer unpraktisch
- Schreiben macht überhaupt keinen Spaß

Jeder Teilnehmer soll sich eine Angst wählen und einen kleinen Text über Sie schreiben. Alle lesen und diskutieren dann Ihre Texte zu dieser Übung.

Merke: "Beschäftigen Sie sich nicht mit den Ängsten vor dem Schreiben, sondern schreiben Sie ... Wenn Sie schreiben, werden Sie merken, daß die Schreibängste verschwinden." (S. EDELSTEIN: The No-Experience-Necessary Writers Course. Chelsea 1990, S. 20f.)

Die zwölf größten Mythen

Legen Sie der Gruppe die zwölf größten Mythen über das Schreiben vor:

1. Du mußt jeden Tag schreiben
2. Du mußt jeden Tag ein bestimmtes Schreibpensum absolvieren
3. Schreiben muß das Wichtigste in Deinem Leben sein
4. Du mußt einen Raum für Dich alleine haben, damit Du schreiben kannst
5. Du mußst jeden Tag zur selben Zeit schreiben
6. Schreiben geht nur, wenn man sich unglücklich und einsam fühlt
7. Du mußt vor jeder Störung und Unterbrechung geschützt sein, wenn Du schreiben willst
8. Wenn Du schreiben willst, dann mußt Du das Intimste und Persönlichste beschreiben
9. Schreiben dient vor allem dazu, eine neue wissenschaftliche Wahrheit niederzulegen, die einen ganz schnell berühmt machen wird
10. Wer schreibt, muß unheimlich viel gelesen haben
11. Schreiber müssen immer ein wenig verrückt sein
12. Autor zu sein, ist eine elitäre und äußerst heroische Angelegenheit

Machen Sie eine Abstimmung in der Gruppe, welche Mythen von den Teilnehmern für förderlich und welche für hinderlich gehalten werden. Jeder Teilnehmer soll dann sein eigenes Profil der förderlichen und hinderlichen Mythen in einem kleinen Text darstellen. "Fühlen Sie sich frei, jeden Schreibmythos zu ignorieren, wenn es Ihnen dienlich ist. Und glauben Sie auf keinen Fall, daß alle Schreiber allen Mythen anhängen. Ihre Schreibpraxis wird Ihnen zeigen, wo die für Sie entscheidenden Schreibgesetze liegen." (S. EDELSTEIN, a.a.O. S. 24, I. MUNDIS, a.a.O. S. 28-34))

Themenliste

Erforschen Sie, welche Themen in der Gruppe zum Schreiben reizen. Jeder Teilnehmer stellt deshalb eine Liste auf: "Themen, über die ich gern schreiben würde." Ein Austausch über diese Liste kann verdeutlichen, welche Schreibwünsche sich in der Gruppe zentrieren lassen.

Ein erfundener Wissenschaftler

Manchmal fehlt uns der Mut zum Schreiben. Deshalb soll jeder in der Gruppe einen Wissenschaftler seines Fachgebietes erfinden:

- Sein Alter
- Seine Lebensumstände
- Seine Fachrichtung
- Seine Publikationsliste und
- Seine größten Entdeckungen

Diesem Wissenschaftler wird das Thema unterschoben, das man gerade bearbeiten muß. Der erfundene Wissenschaftler führt dann die Feder, wenn man für das eigene Schreibprojekt einen kurzen Abriß entwickeln muß.

Wissenschaftliches Über-Ich

Jeder hat mit seinem wissenschaftlichen Über-Ich zu kämpfen (Z. LEANDER, a.a.O., S.48-54). Meist ist der Kampf deswegen so schwer, weil wir nicht wissen, wie extrem unser wissenschaftliches Über-Ich ist. Zeichen und beschreiben Sie Ihr wissenschaftliches Über-Ich als Person. Beschreiben Sie dann einen Dialog mit dem Über-Ich, indem Sie es um die Erlaubnis zum Schreiben bitten. Schließen Sie auch einen Vertrag mit dem Über-Ich, der festlegt, wie der Kompromiß aussieht, der Ihnen das Schreiben doch erlaubt (vgl. S. EDELSTEIN a.a.O., S. 61-63).

Mein Publikum

Oft liegen Schreibblöcke darin, daß wir für das falsche Publikum schreiben. Jeder Teilnehmer sollte eine Skizze des Publikums bzw. der Leser anfertigen, für die er schreibt. Beim Verlesen der Texte wird deutlich werden, ob jeder das für ihn angemessene Publikum oder den für ihn richtigen Leser für sein Schreiben anzielt und ob eine Veränderung der Schreibzielgruppe, der Textzielgruppe, nötig ist.

Schema der Schreibblöcke

Schreibblöcke und Ihre Lösungen lassen sich in folgendem Schema darstellen:

Ursachen von Schreibblöcken	Lösungen
Streß, Krankheiten, Drogen	Änderungen des Lebenswandels
Selbstüberforderung	Entspannungsübungen
Schreibunlust	Schreibbelohnungen aussetzen
Schreibangst	Verbesserungen der Schreibplanung
Falscher Adressat	Angemessener Adressat
Lese- und Lernstörungen	Änderung der Studienrichtung

(Vgl. S. EDELSTEIN, a.a.O. S. 260ff.)

73

Legen Sie dieses Schema in der Schreibgruppe vor. Jeder Teilnehmer erforscht mit Hilfe dieses Schemas die Ursachen seiner Schreibblöcke und trägt dann seine Lösungsvorschläge vor (vgl. L. FLOWER: Problemsolvings Strategies for Writing, a.a.O. S. 37-50).

3.5.3 Techniken für die Überarbeitung der Rohfassung

Dreimal Lesen

Gewöhnen Sie sich an, Ihre Rohfassung dreimal zu lesen. Das **erste** Lesen sollte schnell sein und versuchen, die Bedeutung des ganzen geschriebenen Textes zu erfassen. Wenn Ihnen dabei Lücken auffallen, markieren und ergänzen Sie sie, bringen Sie neue Argumente ein, schreiben Sie zusammenfassende Überleitungen.

Das **zweite** Lesen sollten etwas langsamer gehen. Es zielt auf die Form und die Struktur Ihres Textes. Wenn Ihnen die Form und der Aufbau mißfällt, halten Sie und revidieren Sie die Struktur. Das wird manchmal etwas Zeit kosten.

Das **dritte** Lesen geht ganz langsam. Nun wird Satz für Satz erfaßt. Es wird gekürzt, die falschen Worte werden ersetzt, Zeichensetzung wird beachtet, die Rechtschreibung, die Grammatik wird genau überprüft. Nun hat der Duden seinen großen Auftritt!

Korrekturzeichen benutzen

Legen Sie sich eine Liste von Korrekturzeichen an, die Sie beim Lesen Ihres Textes und anderer Texte immer benutzen können. Die Zeichen für das erste und zweite Lesen sehen so aus:

- Ein Haken bedeutet "OK"	√
- Ein Pluszeichen bedeutet "sehr gut"	+
- Ein Minuszeichen bedeutet "streichen"	-
- Ein Pfeil bedeutet "lebendiger fassen"	→
- Eine Pfeil mit zwei Spitzen bedeutet "eine größere Erweiterung ist nötig"	↔
- Zwei Pfeile gegeneinander gestellt bedeuten "kürzen"	→←
- Ein Fragezeichen bedeutet "unklar, noch mal überprüfen"	?

Die Zeichen für das dritte Lesen könnten so aussehen:

- A bedeutet Absatz
- G bedeutet großer Buchstabe
- K bedeutet kleiner Buchstabe
- L bedeutet Lücken schließen
- T bedeutet Trennen
- U bedeutet Umstellen
- Z bedeutet Zeichensetzung

Sie können die Überarbeitung auch mit Checklisten bewältigen.

Die gründliche Checkliste

a) Die Kontrolle der Botschaft für das erste Lesen: Schreiben Sie die Botschaft Ihrer Arbeit in einem Satz nieder. Kontrollieren Sie, ob diese Botschaft mit dem Titel und dem Aufbau Ihrer Arbeit übereinstimmt.

b) Die Kontrolle der Struktur und des Aufbaus Ihres Textes für das zweite Lesen: Fragen Sie sich beim Lesen, ob der Aufbau der Arbeit Ihrer Botschaft entspricht. Ist der Aufbau logisch und proportioniert, gibt es genug Argumente, damit die Botschaft auch den Leser erreicht?

c) Die Satz für Satz-Kontrolle beim dritten Lesen: Überprüfen Sie nun Satz für Satz, ob die Worte stimmen, ob Klischees sich häufen, ob es sexistische oder rassistische Argumente gibt, ob der Stil des Textes explanatorisch oder evokatorisch ist, d.h., ob er nur flache Rede oder gefühlvolle Argumentationen umfaßt (R.B. AXELROD, C.R. COOPER, a.a.O. 387-398).

Die schnelle Checkliste für das dreimalig Lesen

- Erstes Lesen: Schreiben Sie die Botschaft Ihres Textes in einem Satz.
- Zweites Lesen: Klären Sie, ob der Aufbau dem Inhalt der Arbeit entspricht.
- Drittes Lesen: Lesen Sie Ihren Text laut vor und hören Sie, ob der Textstil zum Inhalt der Arbeit paßt.

Lesetechniken

Laut lesen ist wichtig, denn Ihr Ohr kann den Text besser kontrollieren als Ihr Auge und es vollzieht den Rezeptionsakt des Textes durch den Leser nach, der den Text beim Lesen ja auch laut in sich hinein spricht.

Hinweis: Wie ein professioneller Schreiber lesen! Sie achten dabei auf jedes Detail, auf unklare Privatsprache und auf den Jargon (R.B. AXELROD, C.R. COOPER: The St. Martins Guide of Writing, a.a.O., S. 391f)

Wie ein professioneller Leser lesen

Sie prüfen, ob die Stimme des Textes stimmt. Sie lesen schnell und sehen zu, ob am Ende des Lesens die Botschaft des Textes klar vor Ihrem geistigen Auge steht.

Führer für gründliche Überarbeitungen

Benutzen Sie für die Überarbeitung folgenden Führer

Führer für Textrevision und Umschreiben

Revisionsurteil	Mögliche Probleme	Mögliche Lösungen
1. Text ist uninteressant	Thema verfehlt	Erforschen Sie ihr Thema genauer
2. Text ist konfus	Keine Ordnung	Schreiben Sie eine neue Rohfassung
3. Text wandert	Unscharfe Gliederung	Neue Rohfassung
4. Text hat zu wenig Gewicht	Fehlende Belege	Neue Leserunde
5. Text beginnt gut, fällt aber ab	Text ist eine frühe Fassung	Neue Textfassung
6. Text beginnt abrupt und endet abrupt	Einleitung und Schluß fehlen	Einleitung und Schluß ergänzen
7. Text zerfällt in Teile	Überleitungen fehlen	Überleitung schreiben
8. Text hat unvollständige Sätze	Satzstruktur fehlerhaft	Satzbau überprüfen
9. Text benutzt falsche Worte	Wortwahl fehlerhaft	Worte wechseln
10. Text hat falsche Satzeichen	Kommaregeln unsicher	Von Bekanntem korrigieren lassen

(J. BLUM u.a., a.a.O., S. 135)

Umschreiben
Die beste Technik zur Verbesserung der Rohfassung heißt, eine zweite Fassung schreiben. Oft gelingt im zweiten oder dritten Anlauf der bessere Wurf. Heben Sie aber alle Entwürfe auf, um zu sehen, warum Sie meinen, bessere Formulierungen getroffen zu haben. (R.B. AXELROD, C.R. COOPER, a.a.O., S. 395-397)

Benutzen Sie Testleser
Jeder Schreiber hat eine furchtbare Angst vor Kritik. Kritik ist aber für die Bewältigung des Schreibprozesses nötig. Die beste Kritik erhalten Sie von Testlesern. Wählen Sie sich aus Ihrem Bekanntenkreis Testleser aus, je nach Form der Kritik, die Sie für Ihren Text brauchen. Nehmen Sie Leser, die selber Autoren sind, denn Sie zeigen Ihnen die professionellen Mängel des eigenen Schreibens. Bei Lesern, die die Meinung des Mannes auf der Straße vertreten, können Sie erfahren, was Laien von Ihrem Text verstehen. Bei Lesern, die die gleiche Wissenschaft, wie Sie, vertreten, können Sie erfahren, wie der wissenschaftliche Wert des Textes eingeschätzt wird.

Bauen Sie eine Schreibselbsthilfegruppe auf
Peter Elbow schreibt: "Der effektivste Weg, um das richtige feed-back für Ihr Schreiben zu bekommen, ist der Aufbau einer Schreibgruppe, die sich regelmäßig trifft" (P. ELBOW: Writing with Power, a.a.O., S. 273). Für eine derartige Schreibgruppe sind vier bis zehn Leute nötig, die sich wenigstens acht Wochen lang einmal in der Woche abends treffen und den Schreibprozeß ihrer wissenschaftlichen Arbeit kollektiv und kollegial begleiten.

3.6 Techniken, um aus den eigenen Schreiberfahrungen lernen zu könen

Um die eigenen Schreiberfahrungen systematisch zu erweitern und die Schreibkompetenz zu erhöhen, ist es sinnvoll, die Strukturen des eigenen Schreibprozesses zu klären und den eigenen Schreibtyp zu erkennen.

Schreibtyp und Schreibprozeß
Wir unterscheiden drei Schreibtypen. Suchen Sie sich Ihren Schreibtyp heraus, der auf der linken Seite steht und schreiben Sie rechts die Erfahrungen Ihres Schreibens auf:

	Schreibakte	Schreiberfahrungen
Typ 1 Schnell-Schreiber	Gedanken sammeln Notizen Auswahl des Wichtigsten Schnelle Rohfassung Einsatz von Testlesern Langsames Umformulieren	
Typ 2: Langsamer Schreiber	Freie Assoziationen Forschungsschwerpunkte Forschungsprozesse Textgespräche Langsame Niederschrift	
Typ 3: Praxis Schreiber	Erinnerungen notieren Feldforschung Feldberichte Einleitungen und Schluß-fassungen Ordnung der Feldforschungs-resultate Endfassung	

Experimentieren Sie mit verschiedenen Textsorten

Die eigene Schreibe kann sich besser entwickeln, wenn man nicht nur die akademischen Textsorten kennt. Versuchen Sie es einmal mit Erzählungen, Dramen und Gedichten. Experimentieren Sie mit Stilen und Schreibtechniken, das alles fördert Ihre Entwicklung als Schreiber (viele Hinweise für weitere kreative Schreibtechniken enthält folgendes Buch: L.v. WERDER: Lehrbuch des kreativen Schreibens. Berlin 1990).

»Die Sprache zeigt den Weg und
wir folgen ihr, wohin sie uns weist«
(W. MORRIS)

4 Curricula des kreativen Schreibens in wissenschaftlichen Fächern

Im dritten Kapitel haben wir ein allgemeines Modell des wissenschaftlichen Schreibens entwickelt, das wir nun ausbauen wollen.

Modell des wissenschaftlichen Schreibprozesses

Phase 1	Entwicklung eines groben Schreibkonzeptes
Ziel:	Entdecken und Klären des Themas
Zeitplan:	dem eigenen Tempo entsprechend
Adressat:	Der Schreiber selbst
Methoden:	Journal und Schreibspiele: Freewriting, Rapidwriting, Clustering, Mindmapping, make a tree usw.

Phase 2	Schaffung von Schreibstimuli am Material
Ziel:	Erforschung der Strukturen des Themas
Zeitplan:	dem eigenen Tempo entsprechend
Adressat:	der Schreiber selbst
Methoden:	Beobachten und schreiben, lesen und schreiben, experimentieren und schreiben

Phase 3	Entwicklung eines differenzierten Schreibkonzeptes
Ziel:	Ordnung der Ideen, die man zum Thema gefunden hat
Zeitplan:	näher hin zum Abgabetermin
Adressat:	der Schreiber selbst und der "imaginäre Leser"
Methoden:	kleine Textsorten, Kurztexte, "roten Faden" verfassen

Phase 4	Schreibpraxis und Überarbeitung
Ziel:	Realisierung des Schreibplans und Überarbeitung des Textes
Zeitplan:	genauer Zeitplan bis zur Abgabe
Adressat:	die Leser
Methoden:	"Rapidwriting" und "dreimal Lesen." mit Checkliste überarbeiten

Dieses Modell ist in groben Zügen das Schema für das Schreiben in allen Wissenschaften. Es muß vom Anwender mit einem präzisen und realistischen Zeitplan für jede Phase versehen werden. Dieser Zeitplan ist ständig auf seine Einhaltung zu kontrollieren (S. KAYE: Writing under Pressure. The Quick Writing Process. New York 1989, S. 20-27).Wenn wir nun exemplarisch kreative Methoden des Schreibens in einigen Wissenschaften vorstellen, so kommen wir nicht ständig auf das allgemeine Schreibmodell zurück. Wir präsentieren vielmehr für verschiedene Wissenschaften kleine Curricula des kreativen Schreibens, die meist aus folgenden Bausteinen bestehen:

- Schreibtechniken
- Schreibspiele
- Kurztexte
- kleine Textsorten
- beobachten und schreiben, lesen und schreiben, experimenieren und schreiben
- Wissenschaftlich- literarische Kurzprosa

Diese Bausteine gehören in die Phasen eins bis drei des Schreibprozesses. Unsere Bausteine sollen Anfängern des wissenschaftlichen Schreibens in der Schule (Sekundarstufe 1 oder 2), den Erstsemestern in den Hochschulen, den Anfängern in den Volkshochschulen, kreative Hilfe geben, um mit dem wissenschaftlichen Schreiben zu beginnen. Im Fortgang Ihres Schreibens können Sie sich dann an dem großen Schreibmodell im 3. Kapitel (S. 17-47) orientieren, das auch Vorschläge für die Bewältigung der vierten Schreibphase macht. Für weitere Fragen des wissenschaftlichen Schreibens, z.B. wie Literatur zum Thema in Bibliotheken gefunden werden kann, wie der nationale Leihverkehr von Büchern funktioniert, wie eine Klausurarbeit, eine Diplomarbeit, eine Magisterarbeit, eine Doktorarbeit aussieht, wie wissenschaftlicher Stil, Rechtschreibung und Syntax gehandhabt werden usw., sei auf eine breite Palette einschlägiger Publikationen verwiesen, wir nennen nur G. RÜCKRIEM, u.a.: Die Technik des wissenschaftlichen Arbeitens. München 1988, L.v. Werder: Lehrbuch des kreativen Schreibens. Berlin 1990, S. 194ff.

Die Bausteine der Curricula aus unterschiedlichen Wissenschaften können Sie im Schreibunterricht kombinieren, wenn Sie **interdisziplinäres** Schreiben praktizieren wollen. Interdisziplinäres Schreiben ist eine gute

Schule für interdisziplinäres Denken und Forschen. Interdisziplinäres Denken und Forschen ist angesichts unserer immer komplexeren wissenschaftlich- technischen Zivilisation die ganz wichtige Denk- und Forschungsmethode der Zukunft. In diese Denk- und Forschungsmethode der Zukunft will unser 5.Kapitel in kreativer Weise einführen.

4.1 Geschichte

Ein großer Teil der Dokumente der Geschichte sind schriftliches Material. Wenn wir uns diesem Material schriftlich nähern, können wir unsere eigene historische Perspektive entwickeln. Schreiben hilft uns, Geschichte zu lernen. Es unterstützt die Klärung unserer historischen Ideen. Im Schreiben wird unsere Sicht der historischen Ereignisse offenbar. Schreiben hilft uns, unsere Gefühle über historische Zusammenhänge klarer zu verstehen. Schreiben kann die große Zahl von Informationen über Geschichte ordnen helfen und uns unterstützen, unsere Grundlebensprinzipien zu klären. "Durch Schreiben zu lernen, führt uns zu einem besseren Verständnis der Geschichte." (H.J. STEFFENS, M.J. DICKERSON: Writers Guide: History. Lexington 1987, S. 4).

4.1.1 Schreibtechniken in Geschichte

Führen Sie ein historisches **Journal**. Tragen Sie alle Fakten und Gefühle ein, die ein historisches Ereignis bei Ihnen auslöst. Das Journal sollte Sie durch die Zeit begleiten, während Sie an Themen der Geschichte arbeiten. Machen Sie eine **Liste** von Einfällen zu einem historischen Thema und suchen Sie in dieser Liste nach Worten, die Sie zu einem Text anregen. Benutzen Sie die Methode des "**Free-writing**" von Peter Elbow (vgl. auch R.C. GEBHARDT, D. RODRIGES: Writing. Process and Intention. Lexington 1989, S. 44-61) Schreiben Sie mit freier Assoziation zehn Minuten über ein historisches Thema. Sie können sicherlich mit Hilfe des **Clustering** (G.L. RICO), oder des **Mind-Mapping** zu einem kleinen historischen Text kommen. Stellen Sie zu Ihrem Thema die sechs-W-Fragen: Was, Wer, Wann, Wo, Warum, Wie (vgl. R. MARIUS: A Short Guide to Writing about History. Glenview 1989, S. 32-45). Aus den Antworten zu den sechs-W-Fragen ergibt sich ein historischer Text.

Freies Mind-Map zum Thema: "Industrielle Revolution"

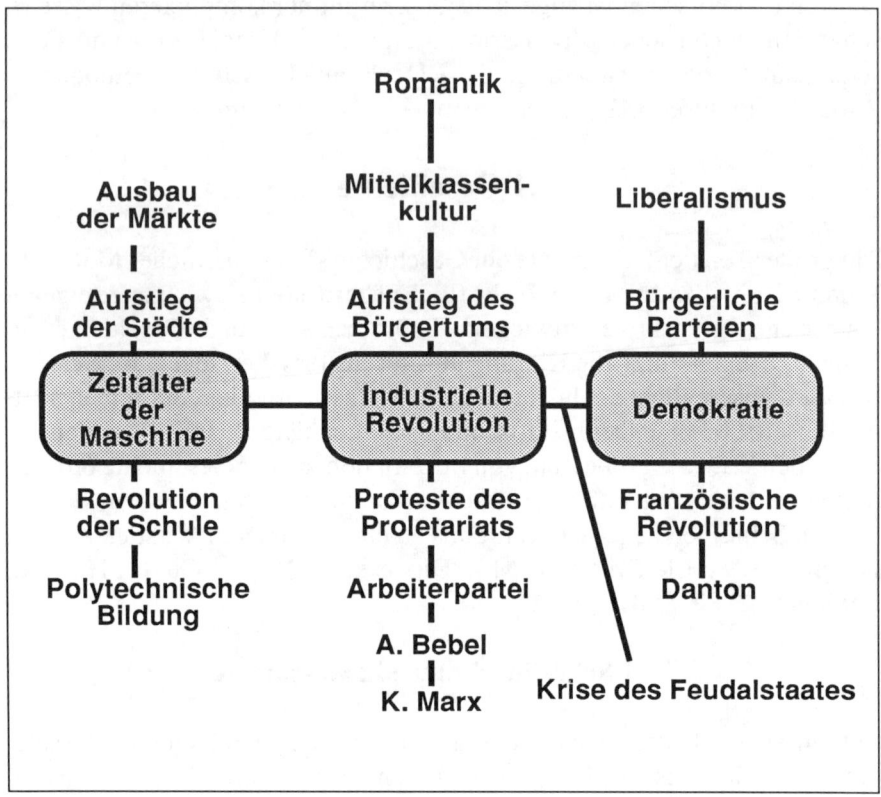

Aufgabe:
Schreiben Sie nach diesem Mind-Map einen kleinen historischen Text zum Thema "Industrielle Revolution".

Bilden Sie mit einem oder mehreren Kommilitonen oder Mitschülern eine **Gesprächsgruppe**. Unterhalten Sie sich 20 Minuten über ein historisches Thema. Dann schreibt jeder einen Text, der die Anregungen zum Thema verarbeitet.
Stellen wir uns nun kleine historische Textsorten als Anregungen zum kreativen Schreiben im Fach Geschichte vor.

4.1.2 Kleine Textsorten

Buchbesprechungen usw.
Schreiben Sie eine 500-Worte umfassende Besprechung eines wichtigen historischen Buches. Besorgen Sie sich dafür zwei veröffentlichte Besprechungen dieses Buches und versuchen Sie, sie zu einer dritten zusammenzufassen. Sie lernen dabei Aufbau und Argumentationsstruktur von Buchbesprechungen kennen. Auch an Vorlesungen, Filmen und Ausstellungen können Sie die Kunst der Besprechung üben. Das Besprechen von historischen Quellen ermöglicht sowohl den Erfahrungsaustausch mit anderen, als auch die Klärung der eigenen Position. Fertigen Sie von der Hauptfigur eines historischen Films, von einem Ausstellungsstück, von einem historisches Bild (z.b. einem Portrait Adolf Hitlers), eine schriftliche Skizze an.

Eigener Zeitzeuge
Jeder von uns war schon einmal historischer Zeitzeuge. Machen Sie eine Liste aller historischen Ereignisse, die Sie erlebt haben (z.B. Bau und Fall der Mauer, Besuch von John F. Kennedy oder R. Reagan in Berlin usw.) und lassen Sie in der Klasse bzw. dem Seminar von allen Teilenehmern ankreuzen, über welche historischen Ereignisse Sie einen kleinen Bericht schreiben sollen. Wenn alle Seminarteilnehmer die Übung mitmachen, ergeben sich so viele Texte wie das Seminar Teilnehmer hat.

Dokumentenanalyse
Wählen Sie ein historisches Dokument einer Sie interessierenden historischen Periode aus. Stellen Sie Fragen an das Dokument und suchen Sie Antworten. Schreiben Sie dann ein Ergebnis nieder.

Besuch eines historischen Gebäudes oder Platzes
Suchen Sie sich in Ihrer Imagination einen historischen Platz aus und schreiben Sie alles auf, was Sie über diesen Platz wissen. Dann besuchen Sie den Platz in der Realität. Fertigen Sie dort eine Beschreibung des Ortes an, aus der Sicht eines Passanten, den Sie am Ort vorfinden. Ziehen Sie auch Bücher zu Rate, in denen die Geschichte des Platzes aufgearbeitet wird. Schreiben Sie einen Text über den Platz aus der Sicht eines Zeitzeugen aus früheren Zeiten. Am Schluß schreiben Sie dann einen Text über die Ereignisse, die den Platz zu einem historischen Denkmal gemacht haben.

Oral-History

Wählen Sie ein historisches Ereignis aus. Informieren Sie sich über das historische Ereignis und suchen Sie dann nach möglichen Zeitzeugen. Legen Sie für das narrative Interview über dieses Ereignis fünf oder sechs Fragen fest. Scheiben Sie beim Interview die wichtigsten Antworten mit. Legen Sie Ihren fertigen Bericht den Zeitzeugen vor und lassen Sie von ihnen den Text ergänzen (C.S. BROWN: Like it was. A Complete Guide to Writing Oral History. New York 1988, S. 31-49).

Oral-History Interview mit historischen Persönlichkeiten

Sie können auch ein imaginäres, narratives Interview mit toten historischen Persönlichkeiten führen, wenn Sie sich genügend in die jeweilige Situation eingearbeitet haben. Der Bericht über das Interview sollte sich dann in drei Teile gliedern: Einführung in die Lebensumstände der historischen Persönlichkeit, schriftliche Fassung des Interviews und schließlich eine Zusammenfassung der gewonnenen Erkenntnisse.

Thema der Woche

Betrachten Sie das historische Thema, das im Unterricht der letzten Woche behandelt wurde. Machen Sie sich in zehn Minuten zu diesem Thema eine Gliederung, die den Ausgang für eine Klausur bieten könnte.

Bearbeitung von Fakten

Lassen Sie sich die Fakten eines historischen Ereignisses geben und schreiben Sie dann eine historische Bewertung. Nehmen Sie z.B. die Fakten des Watergate-Skandals:

- fünf Männer
- Geschäftsräume
- Funkgerät
- Rollen unentwickelter Filme
- zwei Kameras
- zwei Gaspistolen
- ein Stemmeisen
- eine Festnahme
- Hauptquartier der Demokraten, "Water-Gate"
- Washington
- Nachts 2^{30}, Samstags, 17. Juni 1972

4.1.3 Entwicklung eines Schreibplanes für einen historischen Text

Wahl eines Themas

Machen Sie unter Benutzung Ihres Journals, Ihrer Kenntnisse und Interessen eine Liste von Themen, die Sie bearbeiten können. Wählen Sie ein Thema aus. Zu diesem Thema legen Sie sich eine Liste in zwei Spalten an. Linke Spalte: Was ich zum Thema weiß. Rechte Spalte: Was ich zum Thema nicht weiß. Wenn die linke Spalte länger wird, ist die Wahl richtig. Mit der rechten Spalte haben Sie dann gleich die richtigen Fragen für die weitere Suche nach Informationen, die Sie für Ihr Thema brauchen.

Auswertung des Journals

Stellen Sie fest, welches Ereignis die meisten Eintragungen in Ihrem Journal gefunden hat. Stellen Sie diese Eintragungen zusammen, ordnen Sie sie und schreiben Sie dann eine historische Fallgeschichte.

Aufstellung einer Bibliographie

Wählen Sie ein Thema und stellen Sie eine Bibliographie zu diesem Thema zusammen, die die zehn wichtigsten Titel zum Thema enthält. Benutzen Sie dazu die Schul- bzw. Hochschulbibliothek. Notieren Sie die Bücher so, daß der Sinn ihrer Auswahl klar wird.

Anlage einer Kartei

Besorgen Sie sich Karteikarten und legen Sie eine Buch- und eine Stichwortkartei zu Ihrem Thema an.

Sichtweisen

Wählen Sie ein Thema und beschreiben Sie es aus der Sicht eines Arbeiters, eines Polizisten, eines Politikers, eines Lehrers oder eines Schülers.

Aufstellung eines Schreibplanes

Entwerfen Sie für ein historisches Thema einen Schreibplan (vgl. R. Marius: A short Guide to Writing about History, a.a.O., S. 118-126). Sammeln Sie zuerst die Einfälle zu Ihrem Thema, sichten Sie dann die Ergebnisse Ihrer Forschung, schreiben Sie die Gliederung, und dann einen roten Faden des zu schreibenden Textes. Fassen Sie schließlich das Ergebnis Ihres Textes am Schluß in einem Satz zusammen.

Vorlesegruppe

Lesen Sie eigene Texte zu historischen Themen in einer selbstorganisierten Klassen- oder Seminargruppe vor. Entwickeln Sie in dieser Gruppe selber Kriterien der Textkritik.

Forschungsjournal

Geben Sie in Ihrem Journal einen Überblick über den Entstehungsprozeß einer Ihrer historischen Arbeiten. Berücksichtigen Sie dabei folgende Aspekte:

- Die erste Idee.
- Mein Wissen am Anfang.
- Wie ich den Brennpunkt zum Thema fand.
- Wie ich meine Forschung begann.
- Wie ich das Material bewertete; das, was wichtig und das, was unwichtig war.
- Wie ich zu schreiben begann.
- Welche Interaktionen es zwischen schreiben und lesen bei neuem Material gab.
- Wie ich eine erste Rohfassung schrieb.
- Was mir bei der Überarbeitung der Rohfassung besonders half.
- Wie ich mich am Ende meiner Arbeit fühlte.

(vgl. H.J. STEFFENS, M.J. DICKSON, a.a.O., S. 169).

4.1.4 Literarische Formen im Fach Geschichte

Kleine literarische Formen

In der Geschichtswissenschaft gibt es verschiedene Textsorten: Die Beschreibung, die Erzählung, der Essay, die Stellungnahme (vgl. A. MARIUS, a.a.O., S. 60-87). Aus der Literaturgeschichte sind weitere Textsorten mit historischem Inhalt bekannt: der historische Roman, die historische Kurzgeschichte, das historische Drama, das historische Gedicht. Sie können mit all diesen Textsorten im Geschichtsunterricht oder im Studium der Geschichte spielen. Am leichtesten ist vielleicht die Abfassung eines historischen Gedichtes in Form eines Akrostichons (die Buchstaben des Namens einer historischen Person sind zugleich die Ausgangsbuchstaben eines Gedichtes über die Person). Als Beispiel ein Akrostichon eines Studenten über A. Hitler:

> "Hämischer Bettler aus Braunau.
> Immer wieder
> Triffst Du aus dem Asyl deine
> Liebhaber ins Herz.
> Eine lange
> Reise in die dunkle Stunde Null."

Anschließend könnten Sie eine Kurzgeschichte über diese Figur schreiben. Die Kurzgeschichte müßte folgende Struktur haben: Anfangssituation - Bedrohung - Lösung. Sie könnte mit dem A-B-L-Cluster entwickelt werden (vgl. L.v. WERDER: Lehrbuch des kreativen Schreibens, a.a.O., S. 97-99). Als historische Kurzgeschichte müßte sie allerdings die Zeit richtig treffen, in der sie spielen soll. "Der Trick dabei ist es, einige Schlüsselworte im Text zu benutzen, um die Zeitperiode exakt zu charakterisieren." (R. MARTIN: Writing Historical Fiction. London 1988, S. 10). Um diese Schlüsselworte zu finden, muß man sehr genau das Alltagsleben der Zeit kennen. Verbreitet ist es auch, Familiengeschichten zu schreiben. Schreiben Sie doch einmal die Geschichte Ihrer eigenen Familie. Dafür brauchen Sie einen Helden aus Ihrer Familie, der vielleicht vor zwei Generationen gelebt hat. Sie brauchen Quellen, die ihn als Privatmann, als Haushaltsvorstand, als Familienvater, als politische Person, als Soldat, als Deutschen zeigen, (vgl. A. HOFFMANN: Resarch for Writers. London 1986, S. 103-118). Versetzen Sie Ihren Helden dann in entsprechende Handlungen, treffen Sie die Zeit, fügen Sie andere Familienpersonen zur Entstehung von Spannung hinzu, wählen Sie für die Geschichte chronologische Kapitel und bauen Sie die ökonomischen und sozialen Aspekte der jeweiligen Zeitepoche ein. So kann sehr schnell ein längerer Text über Ihre Familiengeschichte aus der Zeit der Großeltern entstehen (vgl. T. FITZ-HUGH: How to write a Family-History. London 1988). Sie können auch durch ausgefeilte Fragen die Geschichte von Personen und Firmen erschließen und verfassen (R. SAWYER: How to write Biographies and Company Histories. Missioula 1989, T. SCHWARZ: The Complete Guide to Writing Biographies. Cincinati 1990).

Die Geschichte der eigenen Kindheit

Vieles an Ihrem Geschichtsinteresse entstammt der eigenen Kindheit. Das Schreiben über die eigene Kindheit als historische Kindheit: als Kriegskindheit, als Wirtschaftswunder-Kindheit, als Krisenkindheit, ist eine gute Aufgabe, um den Zusammenhang von Zeitgeschichte und Biographie konkret zu erkennen. Schreiben Sie zehn Stichworte über Ihre Kindheit, und dann die Titel der Geschichten, die sich hinter den Stichworten verbergen. Schreiben Sie mit Hilfe des Clustering ein Kapitel Ihrer Kindheitsgeschichte, die sich an dem Kapiteltitel orientiert, der Ihnen am wichtigsten erscheint. Untersuchen Sie in der fertigen Geschichte dann den Zusammenhang von Zeitgeschichte und eigener Biographie (K. MACRORIE: Writing to be Read. Portsmouth 1984, S. 95 - 108). 49 Schreibspiele über die eigene Kindheit bietet M.J. MOFFAT: The Time of our lives. Santa Barbara 1989, S. 33-43 vgl. auch L. DANIEL: How to write your own life story. Chicago 1991).

4.2 Psychologie

Schreiben hilft, sich neben dem restringierten Code der Alltagssprache den elaborierten Code der wissenschaftlichen Sprache der Psychologie anzueignen. Schreiben zwingt uns, die konkreten Beobachtungen aus unserem Alltagsleben in allgemeine Aussagen der Wissenschaft zu übersetzen. Wir überschreiten mit Hilfe des Schreibens die Grenzen der eigenen Erfahrung und gewinnen Wissen, das mit anderen Personen geteilt und auch auf andere Situationen übertragbar ist. Psychologie lernt man nicht als passiver Leser von Literatur, sondern indem man in sozialen Kreisen aktiv wird und sich eine eigene Meinung macht, die in wissenschaftlichen Kontexten diskutierbar ist. Schreiben ist dabei die beste Methode, sich zu einer eigenen Meinung, die verallgemeinerbar ist, zu erziehen. Geschriebenes wird besser vom Gedächnis behalten als Gehörtes, Gelesenes oder nur Gesehenes. Geschriebenes kann man überarbeiten, strukturieren und systematisch ordnen. Durch Schreiben werden die eigenen Fragen klarer, die eigene Unsicherheit und die eigenen Defizite werden sichtbar und damit veränderbar. So schreibt Sigmund Freud, der Begründer der Psychoanalyse, an seinen Freund Wilhelm Fließ: "Allein bei dem Versuch, es dir mitzuteilen, ist mir die Sache erst klar geworden." (S. FREUD: Briefe an Wilhelm Fließ. Frankfurt 1989, S. 150)
Angesichts der pluralistischen Meinungsvielfalt in der Psychologie ermöglicht das Schreiben, die Argumente und Gegenargumente, die Positionen und Gegenpositionen, klarer zu begreifen und damit einen Weg zu finden, für fruchtbare Synthesen und für die Entdeckung neuer Zusammenhänge. Auch die empirische Beobachtung, die in der Psychologie eine große Rolle spielt, wird durch Schreiben in Konzepte, Begriffe und Hypothesen verwandelt, die erst die Bausteine professionell psychologischen Wissens bilden können. Unsere Schreibfähigkeit entscheidet im wesentlichen über die Breite unserer Kommunikationfähigkeit (L.A. BOND, A.S. MAGISTERALE: Writers Guide: Psychology. Lexington 1987)

4.2.1 Schreibtechniken in der Psychologie

Journal führen

Das Führen eines psychologischen Journals kann Sie dazu anleiten, Ihre persönlichen Beziehungen zum Fach Psychologie zu erforschen. Wichtige Psychologen wie Freud, Jung, Skinner, Piaget entwickelten ihre Theorien auch mit Hilfe ihres Journals. Sie haben ihre Journale als Platz begriffen, zu denken, zu reflektieren, zu experimentieren und mit der Sprache zu spielen. Psychologische Journale werden nicht in akademischer Sprache, sondern in der eigenen Sprache geschrieben. Psychologische Theorien werden durch das Journal so umgewandelt, daß sie Ihnen helfen, Ihr eigenes Leben, Ihr Wachstum und Ihre Entwicklungsmöglichkeiten zu verstehen. Bei der Führung des psychologischen Journals können folgende Regeln hilfreich sein:

- Benutzen Sie ein Loseblatt-Notizbuch. Sie können dann die Blätter zusammenstellen, wie Sie wollen.
- Teilen Sie Ihr Journal in drei Abteilungen: Unterrichtsinformation, Gelesenes, persönliche Fragen.
- Geben Sie bei jeder Eintragung das Datum an. Chronologie gibt Ihrem Journal eine wichtige Struktur.
- Schreiben Sie regelmäßig, wenn möglich täglich.
- Schreiben Sie oft mit kreativen Schreibmethoden, um in einen inneren Dialog mit sich selbst zu kommen.
- Sammeln Sie Zitate, Fakten, Grafiken, Begriffe in Ihrem Journal. Sie können Sie dann später benutzen.
- Am Ende eines Kurses oder eines Semesters arbeiten Sie einmal Ihr Journal durch: Numerieren Sie die Seiten, geben Sie den verschiedenen Abschnitten Titel, machen Sie eine Gliederung aller Abschnitte, und schreiben Sie eine Einleitung und einen Schluß für Ihr Journal. Sie dokumentieren dann für einen wichtigen Zeitabschnitt die Entwicklung Ihres psychologischen Denkens.

Ein Feld und/oder Labor-Journal führen

In einem Heft sollten Sie das Setting jedes Feld- oder Laborversuchs notieren. Sie tragen hier alle Untersuchungsergebnisse, alle Hypothesen und Spekulationen ein, die Sie bei Ihrer Forschung gewonnen haben. Sie gewinnen damit Anstöße, die Ihre spätere Arbeit in der Bibliothek, im Seminar oder im nächsten Feld- oder Laborversuch erleichtert.

Schreibtechniken für den Anfang

Freuds Technik der **freien Assoziation** kann Ihnen helfen, Ihr eigenes Bewußtes und Unbewußtes zu erforschen. 10 oder 15 Minuten freier Assoziation eröffnen Ihnen auch Einsichten in ein zu bearbeitendes psychologisches Thema. Freie Assoziationen können zu einer Quelle neuer Ideen werden. Sigmund Freud selber benutzte den freien Einfall, der einen hohen unbewußten Anteil hat, z.B. bei der Abfassung von Teilen seines Hauptwerkes "Die Traumdeutung" (1900). Er schreibt: "Ich wußte bei keinem Satzanfang, wo ich landen werde." (S. FREUD: Briefe an Fließ. Frankfurt 1989, S. 348f).

Große Strecken ähnelte das Schreiben der "Traumdeutung" der freien Assoziationen des analytischen Patienten: "Einfälle tauchen ... in umgekehrt chronologischer Folge auf, auch in konzentrischen Ringen um den pathologischen Kern, oder auch, was besonders wichtig ist, in einer zickzack-förmigen Bewegung, durch die die logische Kette durchbrochen wird und Umwege bis zu den tiefsten Schichten und zurück zur Oberfläche gegangen werden." (S. FREUD. Gesammelte Werke I. S. 292ff).

Gezielter läßt sich freie Assoziation mit dem **Clustering**-Verfahren einsetzen, das G.L. RICO: "Garantiert schreiben lernen", Reinbek 1984, entwickelt hat. Rico beginnt mit dem Kernwort und läßt dann die Assoziationsketten notieren. Wenn Sie so vorgehen, können Sie anhand des Clusters erkennen, welche Strukturen und welche Schwerpunkte ein Thema für Sie gewinnt. Hinweis: Machen Sie gleich mal einen Cluster zu einem psychologischen Problem, das Sie im Augenblick beschäftigt (vgl. die psychologischen Cluster und Mind-Maps auf S. 36, 39, 41, 42, 44 dieses Buches).

Eine weitere Technik: Führen Sie **intensive** Gespräche mit Studenten. Das wird Sie zwingen Ihr Thema und die Fragestellungen zu konkretisieren. Auch Leute, die vom Fach keine Ahnung haben, stellen oft wichtige Fragen.

Schreiben Sie **Gliederungen** Ihres Themas. Versuchen Sie engere oder lockere Gliederungen. Meist wird die Gliederung im Fortgang der Arbeit total revidiert, aber ohne sie wäre diese Revision nicht möglich. Schreiben Sie **schnell** Ihre Ideen herunter, bis Sie das Zentrum Ihres Denkens erreicht haben. Erst danach hat die Kontrolle des Schreibens Ihren Platz. S. Freud war sich z.B. des Wertes der Überarbeitung von Texten sehr bewußt: "Obwohl die Texte von einer sorgfältig bedachten Rationalität ausgehen, laufen die Themen doch leicht aus dem Ruder und müssen fast immer verbessert werden" (zit. bei R. EISSLER: Talent and Genius. New York 1971,

S. 277). Die Einheit von Inspiration und Kontrolle, von freier Assoziation, freiem Einfall und rationaler Durcharbeitung kennzeicht den Schreibprozeß nach Freud und bei Freud: "Anspornende Triebe und zügelndes Ich bilden daher das Gespann, das über den gesamten Text der gesammelten Werke (von S. Freud) herrscht" (J.P. MAHONY: Der Schriftsteller Sigmund Freud. Frankfurt 1988, S. 179).

Sie können alle diese kreativen Schreibtechniken im Fach Psychologie einmal ausprobieren, indem Sie sich als Thema einen der großen psychologischen Forscher stellen, z.B. Sigmund Freud, Skinner, Jung, Piaget usw. Assoziieren Sie also zu Ihrem großen Psychologen, machen Sie zu ihm ein Cluster, führen Sie ein imaginäres Gespräch mit ihm, verfassen Sie z.B. eine Gliederung über seine wichtigsten Forschungsergebnisse und schreiben Sie dann einen kurzen Text über ihn.

4.2.2 Psychologische Kurztexte

Definitionen
Nehmen Sie z.B. den psychologischen Begriff des "Ich", suchen Sie sich vier bis fünf Beispiele für diesen Begriff, und versuchen Sie dann den Begriff zu definieren.

Analyse
Analysieren Sie den Begriff der "Selbstexploration" bei Carl Roger, nach seiner Struktur, Funktion, seinem Prozeß, seinen Ursachen und Wirkungen.

Vergleich
Vergleichen Sie den Begriff des "Selbst" bei Carl Rogers mit C.G. Jungs Bild der menschlichen Seele. Arbeiten Sie dabei zuerst die Charakteristika beider Konzepte heraus, ordnen Sie dann die Unterschiede, und beschreiben Sie dann Ähnlichkeiten und Unterschiede beider Konzeptionen.

Überprüfung
Untersuchen Sie, ob der Begriff des "Selbst" Ihren Informationen über die Gestalt der menschlichen Psyche standhält. Listen Sie erst auf, was für den Begriff spricht und dann was gegen ihn spricht, und entwickeln Sie dann ein abschließendes Urteil.

Anwendung
Wählen Sie einen Schlager, einen Rock-Titel oder einen Musical-Song, von dem Sie annehmen, daß sein Inhalt gut mit dem Begriff der "psychi-

schen Instanzen" (Über-Ich, Ich, Es) durchleuchtet werden kann. Schreiben Sie den gewählten Liedtext auf, und versuchen Sie dann eine psychoanalytische Analyse dieses Textes unter Benutzung der Freudschen Lehre von den "psychischen Instanzen".

Schreiben unter Druck
Zwei oder drei Wochen vor einer Klausur schreiben Sie vier bis fünf Themen auf, die bei der Klausur bearbeitet werden könnten. Wählen Sie dann ein Thema aus und bearbeiten Sie das Thema nach folgendem Konzept:

- Denken Sie über das Thema nach, assoziieren Sie frei, machen Sie sich ein Mind-Map.
- Bringen Sie die gefundenen Schlüsselworte in eine Gliederung.
- Schreiben Sie schnell nach der Gliederung, ohne von den Schlüsselworten abzuweichen. Versuchen Sie allgemeine und spezielle Aspekte des Themas zur Sprache zu bringen.
- Lesen Sie Ihren schnellen Text durch, und bringen Sie dann die nötigen Korrekturen an.

4.2.3 Kleine Textsorten im Fach Psychologie

Artikelkurzfassung
Nehmen Sie Freuds Artikel "Das Unbewußte" (S. FREUD: Gesammelte Werke X). Lesen Sie ihn durch, unterstreichen Sie das Wichtigste, fassen Sie ihn dann in fünf Sätzen zusammen.

Kurzfassungsanalyse
Suchen Sie sich die Kurzfassung eines psychoanalytischen Artikels (75-100 Worte) und prüfen Sie, ob er folgende Charakteristika enthält: Kurze Fassung des Themas in einem Satz; Darstellung der Position des Artikels; Darstellung der Quellen und Hilfsmittel, die der Artikel benutzt; Zusammenfassung und Bewertung. Überprüfen Sie auch, ob Ihre Kurzfassung von Freuds Artikel "Das Unbewußte" diese Charakteristika von "Psychologischen Kurzfassungen" erfüllt.

Buch- und Filmbesprechungen
Hier gibt es zwei Varianten, einmal die Besprechung eines psychologischen Buches oder Filmes und zum anderen die psychologische Analyse eines Buches oder Filmes. Bei der ersten Variante gehen Sie folgenderma-

ßen vor: Besprechen Sie z.B. P. GAY: Sigmund Freud. Frankfurt 1990, oder John HOUSTEN's Film "Freud" (1963). Beschreiben Sie erst den Gegenstand des Buches oder des Filmes, geben Sie Informationen über den Autor oder den Regisseur, fassen Sie die Erkenntnisse des Buches oder Filmes zusammen, bewerten Sie die Erkenntnisse, stellen Sie den Wert des Buches oder des Filmes in den Rahmen der Freud-Forschung. Bei der psychologischen Analyse eines Buches oder Filmes gehen Sie folgendermaßen vor: Sehen Sie sich z.B. den Film "Einer flog über das Kuckucksnest" an, und schreiben Sie über diesen Film eine psychologische Analyse. Wählen Sie sich dafür den Hauptaspekt des Filmes aus, ziehen Sie die wichtigsten Szenen des Filmes heran, die den Hauptaspekt belegen, interpretieren Sie diese Szenen mit Ihren psychoanalytischen Kenntnissen.

Literaturübersicht

Eine Literaturübersicht kann generelle Forschungstrends zeigen, die wichtigsten Forschungsschwerpunkte aufweisen, Kontroversen darstellen, die wichtigsten Forschungsfragen herausarbeiten. Wählen Sie sich aus der neueren psychoanalytischen Literatur ein Sie interessierendes Thema z.B. die "Psychologie des Selbst". Bei der Bearbeitung einer Literaturübersicht zu diesem Thema können Sie in vier Phasen vorgehen:

1. Phase: Entwicklung eines groben Schreibkonzeptes
- Wahl und Grobgliederung des Themas mit Hilfe freier Assoziation
- Festlegung des Umfangs durch Einsatz der Clustermethode

2. Phase: Schaffung von Schreibstimuli am Material
- Suchen und sortieren von Literatur
- Festlegung des Ziels der Literaturübersicht
- Durcharbeiten der wichtigsten Literatur

3. Phase: Entwicklung eines differenzierten Schreibkonzeptes
- Ordnen der Exzerpte, Notizen, Hypothesen, die Sie schon gewonnen haben
- Entwicklung einer Feingliederung

4. Phase: Rohentwurf und Überarbeitung

(vgl. L.A. BOND, A.S. MAGISTRALE: Writers Guide: Psychology. Lexington 1987, S. 74-76)

4.2.4 Beobachtung von psychologischer Praxis

Schon bei Sigmund Freud finden wir das Lob der Beobachtung: "Ich habe die Gewohnheit festgehalten." schreibt er 1914, "immer zuerst an den Dingen zu studieren, ehe ich in den Büchern nachsah." Und weiter: "Ich erlernte ... die selben Dinge so oft von neuem anzuschauen, bis Sie von selbst begannen, etwas auszusagen." Zur Zeit der Abfassung seines Hauptwerkes, "Die Traumdeutung", schreibt er: "Ich will zunächst mein Eigentum in Form gebracht haben, dann die Literatur eingehend studieren und nachher einschalten und umarbeiten, wozu die Lektüre Anlaß geboten hat. Ich kann nicht lesen, ehe ich selbst nicht fertig bin und kann nur beim Schreiben ins Detail komponieren" (S. FREUD: Briefe an Wilhelm Fließ, a.a.O., S. 268).

Ein Zentrum seiner Beobachtung zur Zeit der Abfassung der "Traumdeutung" war die Selbstbeobachtung, seine Selbstanalyse im Schreiben. "Bislang wurde überhaupt nicht gewürdigt, daß er seine Selbstreflexion vorwiegend im Schreiben durchführte - seine Analyse also, genau betrachtet, eine Schreibtheraphie war." (R.J. MAHONY: Der Schriftsteller Sigmund Freud, a.a.O., S. 193).

Auch in der späteren psychoanalytischen Forschung behält die Beobachtung für Freud ihren Stellenwert: "Es soll nicht der Eindruck erweckt werden, als hätte ich in der letzten Periode meiner Arbeit der geduldigen Beobachtung den Rücken gewendet und mich durchaus der Spekulation überlassen. Ich bin vielmehr immer in inniger Berührung mit dem analytischen Material geblieben und habe die Bearbeitung spezieller, klinischer oder technischer Themata nie eingestellt" (S. FREUD: Selbstdarstellung. In: Gesammelte Werke Bd. XIV).

Stellen wir also nun im Geiste S. Freuds einige Beispiele für die Beobachtung von psychologischer Praxis zusammen:

Alltagsbeobachtungen auswerten

Identifizieren Sie psychologisch relevante Szenen im Alltag (Routineszenen wie Begrüßung und Abschied auf Bahnhöfen usw.). Untersuchen Sie Sprichwörter und Graffiti. Entwickeln Sie Untersuchungsfragen für diese Objekte aus z.B. psychoanalytischer Sicht. Benutzen Sie für die Entwicklung dieser Fragen für fünf Minuten die freie Assoziation. Dann entscheiden Sie, welche Untersuchungsfragen für Sie am interessantesten sind.

Ihr Problem

Schreiben Sie für eine Woche in Ihr Journal jeden Abend das wichtigste persönliche Problem des Tages auf. Stellen Sie nach einer Woche fest, welches Problem am häufigsten vorkommt. Versuchen Sie dann, dieses Problem zu analysieren.

Probleme Ihrer Eltern

Assoziieren Sie frei zum Verhältnis Ihrer Eltern. Identifizieren Sie dann das wichtigste Problem Ihrer Eltern. Beschreiben Sie das Problem. Analysieren Sie das Problem. Sie können diese Übung auch mit Paaren aus Ihrer Bekanntschaft machen (L. DANIEL: How to write wour own life Story. Chicago, S. 33-46). Es gibt auch ausgearbeitete Fragebögen für Eltern-Interviews (vgl. E. NICHOLS, A. LOWNKOPF: Life lines. White Hall 1989, S. 123-128).

Berufswünsche

Listen Sie die Entwicklung Ihrer Berufswünsche im Lauf Ihres Lebens auf. Erklären Sie dann den Wechsel der Berufswünsche z.B. vom Lokführer zum Schneider im Alter von 12 Jahren usw.

Psychosomatische Störungen

Achten Sie für eine Woche auf körperliche Störungen (Lampenfieber, Kopfschmerzen, Spannungen im Bauch usw.). Stellen Sie die näheren Umstände der Störung fest. Assoziieren Sie drei Minuten frei zu diesen Umständen, und entwickeln Sie dann eine Hypothese zu den Ursachen dieser Störung.

Lebensregeln

Schreiben Sie frei assoziativ alle Lebensregeln auf, die für Sie wichtig sind. Bilden Sie dann ein Mind-Map Ihrer Regeln. Untersuchen Sie dann, woher die Grundregeln stammen und was sie bedeuten.

Umriß einer Selbstanalyse

Wenn Sie eine systematische psychologische Selbstanalyse, auf den Spuren S. Freuds, machen wollen, dann bietet sich folgende Gliederung an:
1. Die eigene Person:
- Umweltstruktur
- Wahrnehmungsmuster
- Bilder des eigenen Selbst
- Hierarchie der eigenen Werte

2. Signale nach draußen:
- Der eigene Körper
- Eigene Gefühle
- Spracheigenheiten
- Aspekte des eigenen Bewußten und Unbewußten
- Eigenes Rollenrepertoire

3. Beziehungen mit anderen:
- Beziehungsstrukturen aus der Kindheit
- Barrieren in Beziehungen

4. Struktur des eigenen Lebensweges

(vgl. J. GOULD: The Writer in All of Us. Improving your Writing through Childhood Memories. New York 1989, S. 174 ff.)

Als Methode der Selbstanalyse ist das Führen eines Journals möglich ((I. PROGOFF: At a Journal Workshop. New York 1975, C. BALDWIN: One to One. Selfunderstanding through Journal-Writing. New York 1977).
Ein gutes Beispiel für das Führen eines Journals bietet Samuel Pepys, der sein "geheimes Tagebuch" über sein Leben in London 1660 begann oder Lichtenbergs "Sudelbücher" (vgl. C. THAISS: Write to the Limit, a.a.O., S. 68-81).
Die Struktur der Selbstanalyse kann sich im Journal besonders gut abbilden, wenn Sie im Journal folgende Kapitel anlegen, die Sie je nach Einfällen ausfüllen:

- Tägliche Eintragung
- Lebensgeschichte
- Mein Körper
- meine Gefühle
- meine Sprache
- meine Gedanken
- mein Verhalten
- meine Beziehungen
- Erfahrungen von Transzendenz
- mein Lebensziel

(J.B. CARR: Communicating with Myself: A Journal. Dubuque 1991, S. 10 ff)

Psychotherapeutisches Erstgespräch

Führen Sie (unter fachlicher Anleitung) mit einem Klienten ein psychotherapeutisches Erstgespräch, und schreiben Sie dann einen psychologischen Bericht über dieses Gespräch. Dabei sollten Sie den Bericht in folgende Abschnitte gliedern:

- Das Krankheitsbild und seine Symptome
- Die Fähigkeiten für Wachstum und Wandel des Klienten
- Gefahren der Regression
- Die Ich-Leistungen des Klienten
- Die Erscheinungen des Klienten im Alltag

(N. TALLENT: Psychological Report Writing. Englewood Cliffs 1988, S. 195-221)

4.2.5 Psychologische Kurzprosa

Die Literatur ist eine der großen Quellen der Psychologie. Nach Freud entdeckte nicht er, sondern die Dichter das Unbewußte. Freud selber sah seine psychologischen Fallgeschichten in der Nähe der Novellenschreiber: "Es berührt mich selbst noch eigenartig, daß die Krankengeschichten, die ich schreibe, wie Novellen zu lesen sind" (S. FREUD: Gesammelte Werke Bd. I, S. 227).

Freud spielte oft mit dem Gedanken Romanschriftsteller zu werden, um die "Geschichten, die die Patienten ihm erzählten, der Nachwelt besser zu überliefern" (F. WITTELS: Sigmund Freud. Frankfurt 1925, S. 13).

Wenn wir uns jetzt literarischen Spielen zuwenden, verlassen wir den Boden der Psychologie durchaus nicht.

Psychologische Charaktere

Jeder Charakter läßt sich mit ein paar Daten umreißen: Alter, Name, Beruf, Wohnort, Aussehen und soziale Position. Suchen Sie sich aus den folgenden psychologischen Charakteren einen heraus, der Sie anspricht und entwerfen Sie in einigen Sätzen eine männliche oder weibliche Person, die sich folgendermaßen charakterisieren läßt: Optimist, Pessimist, Perverser, Hoch-Nervöser, Perfektionist, Exhibitionist, Idealist. Arbeiten Sie die positiven und negativen Seiten dreier Charaktere heraus (O.S. CARD: Charakters and Viewpoint. Cincinati 1988, S. 79-92). Was macht Ihren Charakter zu einem Helden oder zu einem Schuft. (D.V. SWAIN: Creating Characters. Cincinati 1990, S. 88-108).

Pathologische Charaktere
Die Psychoanalyse kennt folgende Krankheitsbilder: Hysterie, Nerastenie, Zwangsneurose, Sucht, traumatische Neurose, Perversion, Psychose. Wählen Sie einenpathologischen Charakter aus, informieren Sie sich über sein Krankheitsbild (z.B. bei P.C. KUIPER: Die seelischen Krankheiten des Menschen. Stuttgart 1988), und beschreiben Sie den gewählten Charakter.

Psychoanalytische Kurzgeschichte
"Gute Schreiber suchen sich Charaktere, weil Schreibideen sich so schnell aus Charakteren entwickeln, wie Äpfel am Baum wachsen. Jeder Charakter kreiert nicht nur eine sondern viele Geschichten ... Es ist seltsam, aber wahr, es ist leichter einen lebendigen, dreidimensionalen Charakter zu entwikkeln, als einen unrealistischen, eindimensionalen" (L. EGRI: The Art of creative Writing. Secaucus 1966, S. 77). Es ist sicher keine Überraschung, daß z.B. die Psychoanalyse eine eigene Literatur hervorgebracht hat, z.B. den psychoanalytischen Roman (Beispiele G. GRODDECK: Der Seelensucher. Leipzig 1921, H. HESSE: Demian. Berlin 1918 usw.).
Wählen Sie sich eine psychoanalytische Konfliktsituation: Symbiose, Ödipuskomplex, Inzest. Stellen Sie sich das Gefühl vor, das eine soche Situation bestimmt. Erfinden Sie aus diesem Gefühl Charaktere für eine entsprechende Einsstiegssituation, entwickeln Sie den Konflikt mit Protagonist und Antagonist, und deuten Sie ein Resultat an.

Familienszene
Entwickeln Sie die Charaktere einer Familie: Vater, Mutter, Kind. Legen Sie einen Konflikt zwischen diesen Personen fest. Schreiben Sie eine Szene, in der sich dieser Konflikt exemplarisch äußert (vgl. D.J. SKLAR: Playmaking. New York 1991, S. 96 - 102).

Simulationen des Schwachsinns
Die Surrealisten André Breton und Paul Eluard veröffentlichten 1930 fünf Texte, in denen Sie den Schwachsinn, die Manie, die Paralyse, den Interpretationswahn und die "dementia praecox" in simulierten Texten vorstellten. Sie wollten damit beweisen, daß auch der Alltagsmensch durch die Methode des "automatischen Schreibens" in außeralltägliche Lebenswelten eindringen kann. Machen Sie nun den Versuch, die Welt des "Schwachsinns" schreibend zu rekonstruieren. Schreiben Sie automatisch in fünf Minuten einen kleinen "Text des Schwachsinns", der alle alltäglichen Verhältnisse leicht verzerrt und übertrieben besserwisserisch darstellt.

Beginnen Sie mit der ersten Zeile des Textes von André Breton und Paul Eluard über den Schwachsinn: "Ich unter allen Menschen habe mit 24 Jahren erkannt, daß man nicht selbstbewußter zu sein braucht als ich, um zum Range eines geachteten Mannes empor zu steigen..." Schreiben Sie nun weiter und schließen Sie Ihren automatischen Text mit dem letzten Satz von Breton und Eluard aus den Simulationen des Schwachsinns: "Schließlich glaubt der Mensch an Gott, und man hat erlebt, daß erstrangige Köpfe um die letzte Ölung gebeten haben und das will schon was heißen" (A. Breton, P. Eluard Die unbefleckte Empfängnis. Frankfurt 1988, S. 37 und 39).

4.3 Biologie

Auch in der Biologie kann das Schreiben eine wichtige Lernhilfe bieten. Es kann klären helfen, was man von Biologie wirklich begriffen hat. Im Streit der Biologen um die Wahrheit können Sie durch eigene Texte besser eingreifen als durch das Ansammeln von ungeordneten Lesefrüchten in Ihrem Kopf oder das bloße Mitschreiben von Vorträgen. Betrachten wir erstmal einige kreative Schreibtechniken im Fach Biologie.

4.3.1 Schreibtechniken in Biologie

Journal führen
Ein biologisches Journal ist eine Mischung zwischen Tage- und Notizbuch. Sie sollten es möglichst täglich führen und stets das Datum der Eintragung vermerken (J. Heinzmann: Making the Right Connections. A Guide for Nature Writers. Stevens Point 1988, S. 1). Sie können im Journal Beobachtungen, Spekulationen, Fragen, Zusammenhänge, Informationen, Kritik und Probleme eintragen. Am Ende jedes Semesters oder jedes Kurses können Sie das Journal auswerten. Wichtig für den Biologen ist auch das Führen eines Feldtagebuches. Charles Darwin hat aus den Eintragungen in sein Journal "Reise eines Naturforscher um die Welt" (1875, deutsch) wichtige Kentnnisse über die Evolutionstheorie gewonnen. "Der Evolutionsgedanke wird zwar (in seinem Reisejournal) nirgends ausgesprochen, ist aber schon an manchen Stellen herauszulesen" (S. Schmitz: Charles Darwin. Düsseldorf 1983, S. 152).
In der Einleitung zu seinem Hauptwerk "Die Entstehung der Arten durch natürliche Zuchtwahl" schreibt Charles Darwin: "Als ich mich als Natur-

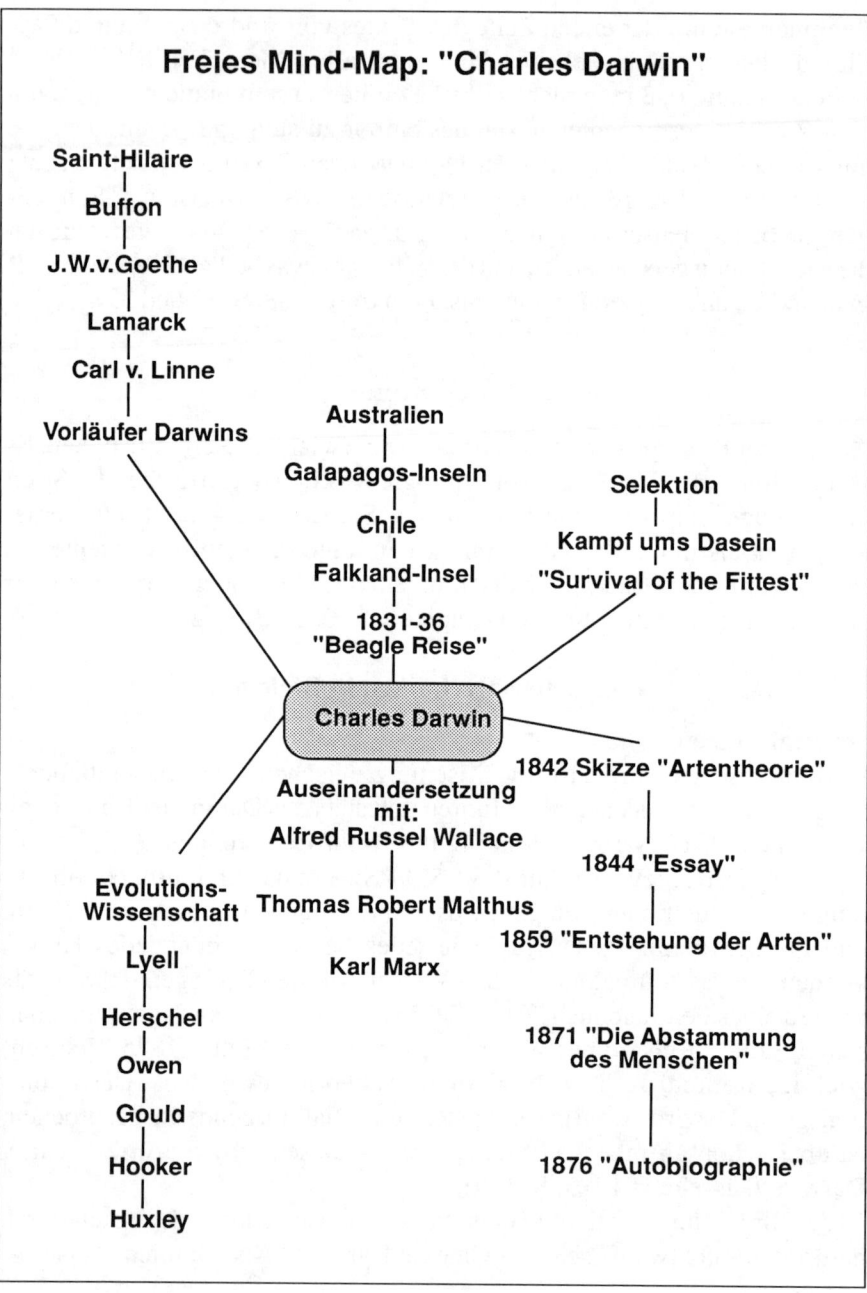

Freies Mind-Map: "Charles Darwin"

Saint-Hilaire
|
Buffon
|
J.W.v.Goethe
|
Lamarck
|
Carl v. Linne
|
Vorläufer Darwins

Australien

Galapagos-Inseln

Chile
|
Falkland-Insel

1831-36
"Beagle Reise"

Selektion
|
Kampf ums Dasein
"Survival of the Fittest"

Charles Darwin

1842 Skizze "Artentheorie"

Auseinandersetzung
mit:
Alfred Russel Wallace

1844 "Essay"

Evolutions-
Wissenschaft   Thomas Robert Malthus
| |
Lyell   Karl Marx
|
Herschel
|
Owen
|
Gould
|
Hooker
|
Huxley

1859 "Entstehung der Arten"

1871 "Die Abstammung
des Menschen"

1876 "Autobiographie"

forscher an Bord der "Beagle" befand, war ich aufs höchste überrascht über gewisse Merkwürdigkeiten in der Verbreitung der Tiere und Pflanzen Südamerikas sowie über die geographischen Beziehungen der Bewohner dieses Erdteils zu früheren" (Ch. DARWIN: Die Entstehung der Arten durch natürliche Zuchtwahl. Leipzig. 1990, S. 15).

Schreibtechniken für den Anfang
Wie in den anderen Wissenschaften ist die Technik des "Free-Writing", das "Clustering", das "Inhaltsverzeichnis", das "Führen eines Gesprächs" auch in der Biologie nützlich (vgl. A.W. BIDDLE, D.J. BEAN: Writers Guide: Life Sciences. Lexington 1987, S. 30-35).
Benutzen Sie das "Free-Writing", um einen Text z.B. über Charles Darwin zu produzieren, der alles das ausdrückt, was Sie über Darwin schon wissen.

4.3.2 Biologische Kurztexte

Lesen und Schreiben
Der Zusammenhang zwischen Lesen und Schreiben geht einem besonders dann auf, wenn man Zusammenfassungen und Exzerpte machen muß. Darwin hat in besonders eindringlicher Weise die Bedeutung des Lesens für sein wissenschaftliches Schreiben verdeutlicht. Sein Sohn Francis berichtet in "Life and Letters of Charles Darwin" folgendermaßen darüber: "Bei der Lektüre von Büchern und Broschüren... ging er methodisch vor." Er sortierte Sie nach wichtig und unwichtig. Bücher, die er nicht las, versah er mit einer Bemerkung "Ungelesen" oder nur "Überflogen". "In jedem Buch strich er sich während des Lesens Passagen an, die sich auf seine Arbeit bezogen. Bei der Lektüre eines Buches oder einer Broschüre machte er am Rande der Seiten Bleistiftstriche und fügte häufig kurze Bemerkungen hinzu, und am Ende stellte er eine Liste der angestrichenen Passagen zusammen" (S. SCHMITZ: Charles DARWIN, a.a.O., S. 132f).
Machen Sie es also wie Charles Darwin: Lesen Sie seine Einleitung in sein Hauptwerk "Die Entstehung der Arten durch natürliche Zuchtwahl", Leipzig 1991, S. 15-19 durch, streichen Sie die wichtigsten Thesen an und schreiben Sie dann eine kurze Zusammenfassung der darwinschen Einleitung.

Buch- und Filmbesprechung

Eine wichtige Frage in der Biologie ist die Frage nach dem Ursprung des Menschen. Besorgen Sie sich das Buch von Yves Coppens: "Die Wurzeln des Menschen". Berlin 1987, oder sehen Sie sich den Film an: "Am Anfang war das Feuer", und machen Sie eine kleine Besprechung dieser Objekte. Dabei müssen Sie Informationen über den Autor oder den Regisseur ebenso verarbeiten wie die Zusammenfassung der wichtigsten Erkenntnisse der Objekte. Am Schluß sollten Sie die Erkenntnisse in den Kontext der aktuellen biologischen Diskussion stellen und ein Urteil über Buch oder Film formulieren.

Referat

Ein Referat zu einem biologischen Thema sollte alle Eintragungen zum Thema in Ihrem Journal berücksichtigen. Eine Klärung der Themenstruktur leistet die Clustermethode (vgl. A.W. BIDDLE, D.J. BEAN: Writers Guide. Life Science, a.a.O., S. 62-64).

Die Clustermethode zeigt zugleich, wo Sie Kenntnisse und Defizite über das Thema haben. Entwickeln Sie dann ein grobes Schreibkonzept durch Bearbeitung ausgewählter Literatur. Schaffen Sie sich eine Gliederung. Arbeiten Sie Ihre Exzerpte in Ihre Gliederung ein. Entwickeln Sie eine Feingliederung und gehen Sie dann zum Rohentwurf und zur Überarbeitung über (J.A. PECHENIK: A Short Guide to Writing about Biology. Harper Collins 1987, S. 81-110).

4.3.3 Beobachtung von biologischen Fakten - Charles Darwin

Die biologische Forschungsmethode gliedert sich in fünf Abschnitte:

① Beobachten
② Fragen formulieren
③ Hypothesen entwickeln
④ Hypothesen experimentell überprüfen
⑤ Theorien entwickeln

Charles Darwin hat im Zuge der Formulierung seiner Evolutionstheorie diese fünf Forschungsschritte in folgender Weise bewältigt:

① Seine wichtigsten Beobachtungen machte er auf seiner Weltreise mit der "Beagle" (1831 - 1836).

② Fragen und erste Hypothesen entwickelte er 1837 in seinen Notizbüchern. "Schon im ersten Notebook finden sich Zeichnungen von Evolutionsschemata in Form eines reich verzierten Stammbaumes und eines Korallenstockes" (S. SCHMITZ: Charles Darwin, a.a.O., S. 155).

③ Seine Haupthypothesen entwickelte Darwin 1842 in einer 35-seitigen Skizze über seine Evolutionstheorie, die er 1844 auf 231 Seiten erweiterte.

④ Seine Hypothesen überprüfte er experimentell. "In seinem Wohnsitz in Dowen führt er zahlreiche botanische und andere Experimente durch... Darüberhinaus nahm er Kontakt auf zu Botanikern, Zoologen, Gärtnern und Landwirten, speziell zu Pflanzen- und Tierzüchtern, um Detailfragen der künstlichen Zuchtwahl und somit der Selektion allgemein zu klären." Zu diesem Zweck machte er auch seit 1840 Umfragen bei Informanten mittels eines Fragebogens mit dem Titel: "Fragen zur Tierzucht" (vgl. S. SCHMITZ, a.a.O., S. 157). Er überprüfte seine Hypothesen an den Thesen der konkurrierenden Evolutions-forschern wie z.B. Gray, Lyell, Hooker usw.

⑤ Von 1854 - 1858 schrieb Darwin an seiner Evolutionstheorie. Er ordnete einen riesigen Haufen von Aufzeichnungen, von Beobachtungen und Protokollen von Experimenten, (vgl. S. SCHMITZ, a.a.O., S. 158).

Er legte dann seine Theorien in einem Werk von zehn klar gegliederten Kapiteln vor. Die Darwinsche Arbeit war so solide, daß die Nachfolger nur Erweiterungen seiner Hypothesen vornehmen konnten. Wichtige biologi-sche Forschungsergebnisse zur genetischen Basis des Evolutionsprozesses wurden z.B. 1865 von Gregor Mendel durch das Kreuzen von Erbsen entdeckt. Die Beobachtung der Fortpflanzung der Stubenfliege ermög-lichte etwa 1920 die Entdeckung der Struktur der Gene.

Zu den fünf Abschnitten der biologischen Forschung sollen nun einige Übungen hinleiten:

Beobachtungsübungen
Beginnen Sie erst einmal mit der Beschreibung eines Blattes, einer Pflanze, eines Käfers, einer Stubenfliege. Beschreiben Sie die Wellen, die ein Stein erzeugt, der auf das Wasser eines Teiches fällt. Liefern Sie die Beschrei-

bung eines Hundes, der an einem Stein schnuppert. Sie können auch eine Lupe oder ein Mikroskop zur Hand nehmen und die Mikrostrukturen von Zellen und Kleinlebewesen beobachten und danach beschreiben.

Forschungsfragen

Leiten Sie aus Ihren Texten Forschungsfragen ab. Denken Sie daran, daß Albert Szent-Gyorgyi das Vitamin C entdeckte, für das er 1937 den Nobel-Preis gewann, weil ihm aufgefallen war, daß Äpfel oder Kartoffeln braun anlaufen, wenn man Sie durchschneidet, Orangen oder Zitronen aber nicht. Der Streß wurde entdeckt, weil Selye 1937 beobachtet hatte, daß Kranke ein grimmiges Gesicht auch dann machen, wenn Sie keine Schmerzen haben.

Hypothesen entwickeln

Entwickeln Sie Hypothesen über Ihre Forschung. Denken Sie daran: die beste Hypothese ist nichts wert, wenn sich keine Literatur finden läßt, die Ihre Hypothese unterstützt.

Hypothesen experimentell überprüfen

Vielleicht arbeiten Sie hier mit einem Fragebogen, den Sie an wichtige Informanten schicken. Die Ausfüllung des Fragebogens gibt Ihnen weiteren Aufschluß über Ihre Arbeit.

Theorie entwickeln

Ihr Ergebnisse sollten in einem Forschungspapier niedergelegt werden. Dieses Papier hat folgende Gliederung: Titel, Einleitung, Methoden und Materialdarstellung, Ergebnisse, Literaturangaben (A.W. BIDDLE, D.J. BEAN, a.a.O., S. 84-92, J.A. PECHENIK, a.a.O. S. 111-119).

4.3.4 Evolutionsliteratur

Am Leitfaden der Evolutionstheorie hat sich eine reiche literarische Kultur entwickelt, die sich nach Ursprungs- und Zukunftserzählungen gliedern läßt und sich sowohl im naturalistischen Roman und Drama als auch im Bereich der "Science Fiction-Literatur" ausbreitet. In letzteren Bereich sollte die biologische Kurzprosa angesiedelt werden. Die Science Fiction-Kurzgeschichte behandelt andere Zeiten, andere Welten, andere Lebewesen, andere Bewußtseinszustände als die, die man in der Gegenwart vorfindet (C. EVANS: Writing Science Fiction. London 1988, S. 25). Die

Science Fiction-Kurzgeschichte gliedert sich in vier Abschnitte: Einstieg - Entwicklung - Steigerung - Lösung (C. Evans, a.a.O., S. 25).

Die Science Fiction-Kurzgeschichte bearbeitet folgende Grundmotive:

- Die Wiederkehr von Adam und Eva: nach einem Atomkrieg entsteht ein neues Paradies.
- Ein Planet mit Namen XYZ: Wir landen auf einem fremden Planeten und erforschen seine Geschichte.
- Wer war das Wesen, das ich gestern Nacht sah? Das Wesen war kein Mensch. Aber was war es und weshalb zeigte es sich?
- Von Dänicken läßt grüßen: Mythologische Wesen werden technisch reformuliert. Die Schöpfung entstand durch interstellare Intelligenz, Stonehenge ist ein antiker Computer, Atlantis wurde z.B. Opfer eines Atomkrieges usw.
- Kampf der Welten: Verschiedene Intelligenzträger treffen aufeinander. Es geht um Leben oder Tod, es geht um die Rettung der Welt.

Wählen Sie sich einen Protagonisten. Legen Sie seine Erscheinung fest, seinen Lebensstil, seine Haltung, sein inneres Leben, seine Probleme mit anderen, seine Sprache und seinen Namen (C. Evans a.a.O., S. 45). Entscheiden Sie sich für eines der fünf Szenarien und schreiben Sie eine oder mehrere Science Fiction-Geschichten. Sie erleben die Wissenschaft vom Leben einmal mehr von ihrer unterhaltenden Seite. Bei der Revision Ihres Textes stellen Sie sich folgende Fragen:

- Überzeugt die Einleitungsszene?
- Hat die Geschichte eine Struktur?
- Sorgen die Charaktere für Spannung?
- Hält die Geschichte, was sie am Anfang verspricht?

(vgl. C. Evans, a.a.O., S. 75)

Sie können Ihre Texte am besten revidieren, wenn Sie sie in einer Gruppe, Klasse oder Seminar schreiben, als auch vorlesen und diskutieren lassen (vgl.C. Evans, a.a.O., S. 82f).

4.4 Soziologie

"Soziologen schreiben über die Methoden, die sie benutzen, um soziale Daten zu sammeln, und sie schreiben über Resultate, die sie mit diesen Methoden erzielen. Aber über ihr Schreiben selbst schweigen die Soziologen. Das hat zur Folge, daß die Studenten der Soziologie wenig davon mitbekommen, was zwischen dem Sammeln von Daten und der Veröffentlichung von Forschungsergebnissen an Praxis eigentlich passiert" (C.J. COOPER: A Short Guide for Writing about Social Science. Glenview 1988, S. 1).

Wir wollen deshalb einen Blick auf die kreativen Methoden werfen, die soziologisches Schreiben prägen. Das Schreiben in der Soziologie hat nämlich einen großen Wert: Schreiben in der Soziologie vertieft das Selbstverständnis und die Selbsterkenntnis. Es eröffnet einen Dialog mit sich selbst und dem imaginären und konkreten Leser. Schreiben ist ein wichtiger Teil der Sozialforschung und kann selbst viel über das Wesen von sozialen Beziehungen vermitteln. Soziologische Texte zu schreiben und zu überarbeiten, vermittelt etwas über die soziale Distanz, die nötig ist, um in sozialen Verhältnissen, deren Teil man selbst ist, etwas an sozialen Strukturen entdecken zu können (vgl. N. ELIAS: Engagement und Distanzierung. Frankfurt 1983).

Soziologisches Schreiben fördert die soziologische Professionalität.

4.4.1 Schreibtechniken in der Soziologie

Schreibrituale erforschen

H.S. Becker, ein amerikanischer Soziologe des Alltaglebens, hat die Rituale untersucht, die ein Soziologe vollzieht, wenn er schreibt: Er beobachtete die spezifische Zeit, die Orte, die Ausrüstung, die Produktions- und Überarbeitungstechniken, die Sammlung von Daten für das Schreiben usw. (vgl.H.S. BECKER: Writing for Social Scientist. Chicago 1986).

Andere Soziologen wie z.B. R.C. Gebhardt und D. Rodrigues schlagen folgende Strategien für die Selbsterforschung der Schreibsituation vor:

- Untersuchen Sie die Ziele Ihres Schreibens.
- Klären Sie Ihre Haltungen gegenüber dem Schreibinhalt.
- Sehen Sie zu, welche Sprache Sie benutzen, um Ihren Schreibinhalt auszudrücken.
- Erforschen Sie Ihre Haltung gegenüber dem Adressaten Ihres Schreibens.

(R.C. GEBHARDT, D. RODRIGUES: Writing. Process and Intentions. Lexington 1989, S. 129 - 159).

Beide Autoren raten auch, bei der Untersuchung der eigenen Schreibsituation und bei der Beantwortung der aufgeworfenen Fragen die Methode des schnellen Schreibens (Rapid-Writing) einzusetzen, um zu authentischen Ergebnissen zu kommen. Wählen Sie zwischen den beiden Forschungsprogrammen aus und untersuchen Sie Ihre eigenen Schreibrituale: Beschreiben Sie Ihren Schreibprozeß.

Journal führen
Soweit die Soziologie empirische Forschung in sozialen Feldern betreibt, benutzt der Soziologe ein Journal (C. WRIGHT MILLS: The Sociological Imagination. New York 1959 S. 196 ff, 212f, S. FRIEDMAN, S. STEINBERG: Writing and Thinking in the Social Science. Englewood Cliffs 1989, S. 10). Lassen Sie also Ihr Studium der Soziologie von einem Journal begleiten. Tragen Sie dort Ihre Beobachtung, Spekulationen, Fragen, Probleme, Informationen und Hypothesen ein. Schreiben Sie jetzt in Ihr Journal, wie Sie das Journalschreiben finden, was Sie sich davon erhoffen und was Sie befürchten.

Schreibtechniken
Die allgemeinen kreativen Schreibtechniken lassen sich auch in der Soziologie verwenden: Also freie Assoziation, Clustering, Mind-Mapping, Gliederung usw. (S. FRIEDMANN, S. STEINBERG, a.a.O., S. 10-13). Schreiben Sie als praktische Übung, nach der Methode der freien Assoziation, einen Text über "Abschiede". Vergleichen Sie dann einen Beobachtungstext über Abschiede mit Ihrem Text zum selben Thema, das mit den Mitteln der freien Assoziation entstanden ist. Wo liegen die Unterschiede?

Experiment
Wichtige Schreibanlässe gewinnt die Soziologie durch Experimente. Inszenieren Sie als Seminarleiter die Durchbrechung des alltäglichen

Begrüßungsrituals im Seminar, indem Sie alle Teilnehmer, statt sie nur mit "Hallo" zu begrüßen, richtig intensiv umarmen. Lassen Sie dann alle Teilnehmer einen kleinen Text über die neuen Begrüßungsformen schreiben und über deren Vermutungen für den Ritualwechsel (S. FRIEDMANN, S. STEINBERG, a.a.O., S. 62-76).

Beobachtung

Beteiligte Beobachtungen von Personen in Alltagssituationen sind ein wichtiger Schlüssel zu soziologischen Texten. Die "Schule von Chicago" förderte die Stadtsoziologie und publizierte in den 20er und 50er Jahren Studien mit folgenden Titeln: "Der Stadtstreicher", "Der Slum", "Die Gesellschaft der Eckensteher", die alle auf direkten Beobachtungen basierten (S. FRIEDMANN, S. STEINBERG, a.a.O. S., 78-81). Teilen Sie Ihr Seminar auf. Praktizieren Sie "beteiligte Beobachtung", indem Sie Rang- und Statusunterschiede in einer Disco, an einer Straßenecke, in einem Studentencafe von Seminarteilgruppen erst beobachten und dann beschreiben lassen.

Soziologische Dokumente

Wenn der Soziologe historische Entwicklungen beschreiben will, ist er auf das Sammeln und Analysieren von Dokumenten angewiesen: wie Tagebücher, Briefe, Autobiographien aber auch Zeitungen, Zeitschriften, Magazine und Sachbücher. Wichtige Erkenntnisse der Soziologie von N. Elias gehen auf die Analyse von persönlichen Dokumenten zurück (S. FRIEDMANN, S. STEINBERG, a.a.O., S. 108-137). Lassen Sie die Studenten nach alten Briefen oder Tagebüchern Ihrer Großeltern suchen. Diese Dokumente sollten Sie nach dem früheren Verständnis der "Sexualrollen" oder der "Krise der Pupertät" untersuchen lassen. Oder lassen Sie die Studenten einen Zeitungsbericht über Jugendkrawalle aus den 20er Jahren mit den aus den 50er oder 90er Jahren vergleichen, um Standardverhaltensmuster der rebellischen Jugend durch die Zeiten zu erfassen.

Interview

Die offene oder standardisierte Befragung ist eine wichtige Schreibmethode in der Soziologie. Probieren Sie im Rollenspiel eine offene Befragung aus. Teilen Sie sich im Seminar, in der Klasse, im Kurs in Paare auf. A befragt B und B befragt A nach seinem Lebenslauf. Jeder erstellt dann über den anderen eine kurze biographische Skizze. Stellen Sie dann die Frage: Gibt es Unterschiede zwischen den biographischen Texten? Lassen sich bestimmte Typen von Lebensläufen in diesen Texten finden?

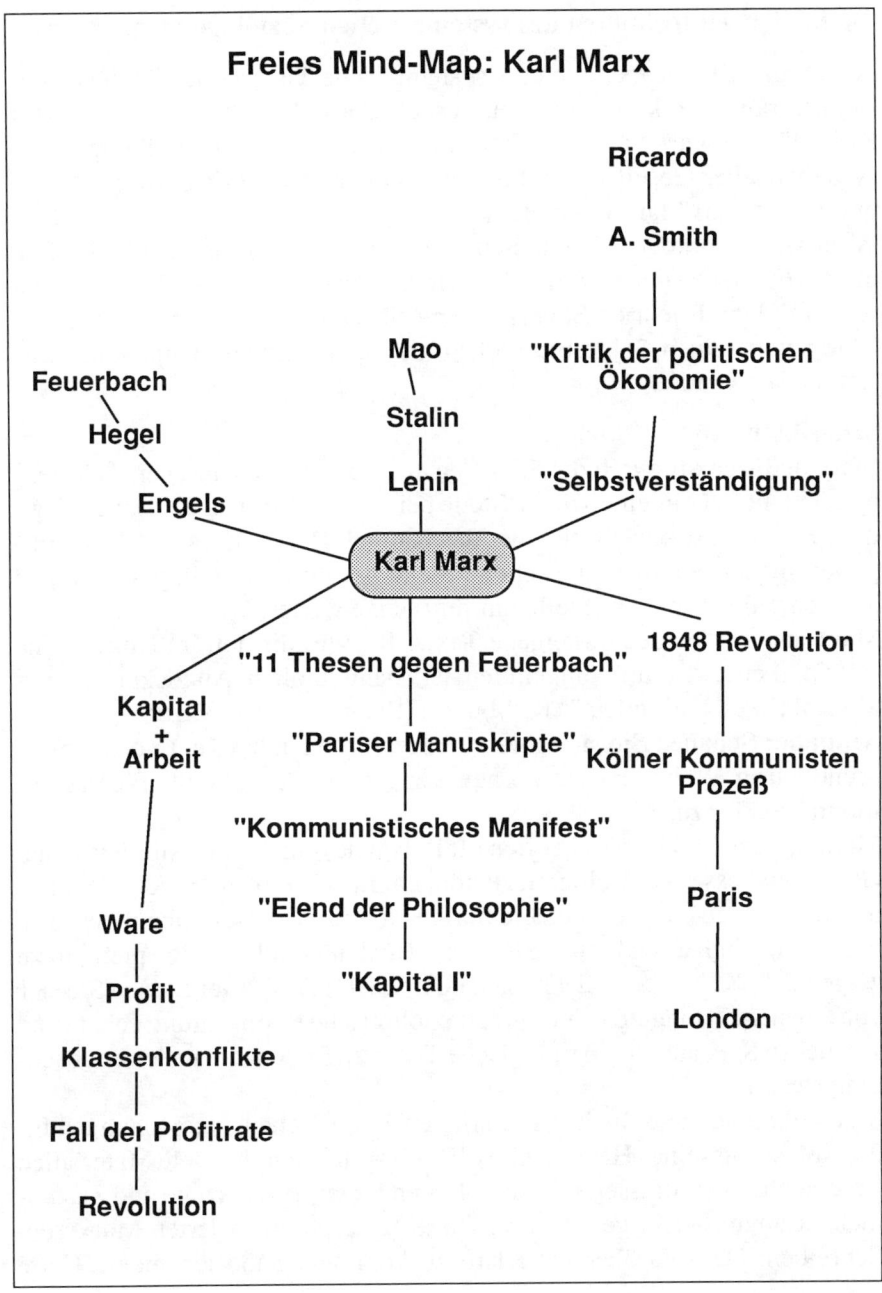

Freies Mind-Map: Karl Marx

Ricardo

A. Smith

Mao

Feuerbach

Hegel

Stalin

"Kritik der politischen Ökonomie"

Engels

Lenin

"Selbstverständigung"

Karl Marx

"11 Thesen gegen Feuerbach"

1848 Revolution

Kapital
+
Arbeit

"Pariser Manuskripte"

Kölner Kommunisten Prozeß

"Kommunistisches Manifest"

Ware

"Elend der Philosophie"

Paris

Profit

"Kapital I"

Klassenkonflikte

London

Fall der Profitrate

Revolution

4.4.2 Schreibtechniken des systematischen Soziologen Karl Marx

Soziologie gibt es aber auch als systematische Theorie der Gesellschaft. Ein zentrales Werk über das "bürgerliche Gesellschaftssystem" ist "Das Kapital" von Karl Marx. Im folgenden wollen wir Schreibübungen zur systematischen Gesellschaftstheorie vorstellen, wie sie sich in der Schreibpraxis von Karl Marx finden lassen.

Wenn sich Soziologen über ihr Schreiben äußern, dann meistens in Briefen, die das Entstehen eines Werkes begleiten. In den Briefen von Karl Marx an seinen Freund Friedrich Engels in der Zeit von 1846-1877 berichtet Marx häufig von seinen Schreibtechniken, die er in seinem Hauptwerk "Das Kapital" anwendet.

Schreibstimuli

Marx ließ sich oft durch die Schriften anderer Autoren anregen. "Gestern by accident fiel mir eine schöne Stelle bei Adams Smith in die Hand." (vgl. K. MARX, F. ENGELS: Briefe über das Kapital. Berlin 1954, S. 179). **Aufgabe:** Suchen Sie mal eine schöne Stelle bei Ihrem Lieblingssoziologen und schreiben Sie diese Stelle um fünf Sätze weiter.

Marx inspirierte auch der eigene Text: "Ich will dir nun im Kurzen eine "Kleinigkeit", die mir eingefallen ist, beim bloßen Angucken meines Manuskriptteils mitteilen." (K. MARX, F.ENGELS, a.a.O., S. 165) **Aufgabe:** Schauen Sie sich Ihren gerade vorliegenden Text noch einmal gründlich an. Wenn Ihnen etwas neues zu diesem Text einfällt, fügen sie es Ihrem Text hinzu.

Marx brauchte für seine Theorien oft Beispiele, um die Plausibilität seiner Gedanken besser kontrollieren zu können. Er schreibt an Engels: "Kannst du mir z.B. von eurer Fabrik alle Sorten Arbeiter ... beschreiben, die darin beschäftig sind ... Ich brauche für mein Buch nämlich ein Beispiel, um zu zeigen ... " (K. MARX, F. ENGELS, a.a.O., S. 103) **Aufgabe:** Lassen Sie sich von einem Mitstudenten eine kurze soziologische Beobachtung geben, und versuchen Sie dann die soziologische These zu finden, die in der Beobachtung steckt.

Marx arbeitete viele Bücher, Materialien, empirische Untersuchungen für die Abfassung seines Hauptwerkes "Das Kapital" durch. Viele Materialien des Nachlasses umfassen seine berühmten Exzerpte, Auszüge und Zusammenfassungen wichtiger Bücher. Diese Exzerpte inspirierten Marx zum Schreiben: "Um darüber ins Klare zu kommen, habe ich meine Hefte

(Auszüge) über Technologie ganz nachgelesen" (K. MARX, F. ENGELS, S. 115 und S. 118). **Aufgabe:** Lesen Sie mal eigene Exzerpte nach, und beobachten Sie, welche Gedanken sie in Ihnen auslösen. Schreiben Sie diese Gedanken auf.

Marx war ein Genie des entdeckenden Lesens: "Was mich anbetrifft, so gebührt mir nicht der Verdienst, weder die Existenz der Klassen ... noch ihren Kampf unter sich entdeckt zu haben. Bürgerliche Geschichtschreiber hatten längst vor mir die historische Entwicklung dieses Kampfes dargestellt" (K. MARX, F. ENGELS, a.a.O., S. 59). Für die Klärung seiner Gedanken wurde ihm auch das Durchblättern von Hegels Logik bedeutsam: "Bei der Methode der Bearbeitung hat es mir große Dienste geleistet, daß ich by mere accident... Hegels Logik wieder durchgeblättert hatte" (K. MARX, F. ENGELS, a.a.O., S. 79). **Aufgabe:** Stellen Sie einmal die wichtigsten soziologischen Texte zusammen, die Sie inspiriert haben. Nennen Sie ihre Funde des "entdeckenden Lesens".

Marx las mit Vorliebe interdisziplinär. So lernte er Russisch für das Studium des Problems des Grundeigentums in Russland und er studierte z.B. Agrikulturchemie, um den Stoffwechsel des Menschen mit der Natur zu verstehen. "Das enorme Material, das die Franzosen ... darüber geliefert hatten, mußte durchgeboxt werden" (K. MARX, F. ENGELS, a.a.O., S. 130). **Aufgabe:** Welche interdisziplinären Studien haben Sie getrieben und mit welchem Erfolg?

Die Befragung von Fachleuten war ein wichtiger Schreibstimulus für Marx. "Ich muß nämlich noch ein paar Fabrikanten befragen, ob unser Modus der allgemeine oder nur ausnahmsweise ist." (K. MARX, F. ENGELS, a.a.O., S. 145). "Von Schorlemmer wünschte ich zu wissen, was ist nun das neueste und beste Buch (deutsche) über Agrikulturchemie?" (K. MARX, F. ENGELS, a.a.O., S. 157). An Engels: "Dies die eigentliche Frage: Wie berechnet ihr den Umschlag des zirkulierenden Kapitals?" (K. MARX, F. ENGELS, a.a.O., S. 175) **Aufgabe:** Schreiben Sie eine zentrale soziologische Frage auf einen Zettel. Alle Zettel werden im Kurs gemischt. Jeder zieht einen Zettel, beantwortet die gefundene Frage und liest seine Antwort vor.

Marx entdeckt für sich die kreative Schreibmethode des "Mind-Mappings". 1863 inspirierte ihn das ökonomische Tableau von F. Quesnay zu einem eigenen Tableau. "Es umfaßt den gesamten Reproduktionsprozeß" (K. MARX, F. ENGELS, a.a.O., S. 120, vgl. die Abbildung in unserem Buch S. 51). **Aufgabe:** Jeder Student bekommt ein soziologischen Begriff und entwirft zu diesem Begriff ein Mind-Map.

Marx ließ sich oft von empirischen Untersuchungen anregen. "Alles Material reiner Schund und wissenschaftlich nicht anzuwenden, außer dem "Factory-Report", dem "Children-Employment-Commission-Report" und dem "Board-of-Health-Report" (K. MARX, F. ENGELS, a.a.O., S. 129). **Aufgabe:** Verteilen Sie eine kleine statistische Tabelle, und jeder Student schreibt eine Interpretation der Daten. Die Texte werden dann vorgelesen und anschließend diskutiert.

Schreibplanung

Die Arbeit am Kapital war bei Marx begleitet von vielen Plänen. Er entwarf zuerst einen **Riesenplan**: "Das ganze ist eingeteilt in sechs Bücher. Erstens vom Kapital. Zweitens vom Grundeigentum. Drittens von der Lohnarbeit. Viertens vom Staat. Fünftens internationaler Handel. Sechstens Weltmarkt." (K. MARX, F. ENGELS, a.a.O., S. 81). Dieser Gesamtplan wurde ständig geändert: "Es ist auch keineswegs meine Absicht, alle sechs Bücher, worin ich das Ganze teile, gleichmäßig auszuarbeiten, sondern in den drei letzten mehr bloß die Grundstriche zu geben, während in den drei Ersten, die eigentliche ökonomische Grundentwicklung enthalten." (K. MARX, F. ENGELS, a.a.O., S. 87). Dann arbeitete Marx häufig Feingliederungen aus. Gliederung des ersten Bandes seines Werkes "Das Kapital" lassen sich häufig finden. Eine Serie von Band- und Kapitelgliederungen entwickelte Marx im Laufe seiner Arbeit (vgl. K. MARX, F. ENGELS, a.a.O., S. 95 und 139f). So gliederte er den ersten Band "Das Kapital" schließlich in vier Bücher:

"Buch I:	Produktionsprozeß des Kapitals
Buch II:	Zirkulationsprozeß des Kapitals
Buch III:	Gestaltung des Gesamtprozesses
Buch IV:	Zur Geschichte der Theorie"

(K. MARX, F. ENGELS, a.a.O., S. 131)

Es gehört zur Tragik von Marx, daß er von dem ganzen geplanten Riesenwerk nur den ersten Band und davon nur den ersten Teilband fertig bekam. Engels gab dann Band zwei und drei des "Kapitals" heraus. Die geplanten Bände zwei bis sechs (Grundeigentum, Lohnarbeit, Staat, Internationaler Handel, Weltmarkt) wurden niemals geschrieben (vgl. R. ROSDOLSKY: Zur Entstehungsgeschichte des marxischen Kapitals. Frankfurt 1973 Band 1, S. 14-23). **Aufgabe:** Es werden soziologische Themen verlost, die dem Niveau der Teilnehmer entsprechen. Jeder Teilnehmer fertigt eine Gliederung seines Themas an. Dabei kann er die Methode des Mind-Mappings, des Tree-Makings, der Leiter (vgl. Kapitel 3.2 in diesem Buch) benutzen. Die fertigen Gliederungen werden jeweils dem Nachbarn gegeben, der verbessert sie und gibt Sie zurück. Diese Verbesserungen werden dann vorgestellt und diskutiert.

Schreibprozeß

Marx schrieb oft sehr schnell. Er schrieb meistens unter Druck. "Andererseits, obwohl ich den ganzen Tag schreibe, gehts nicht so rasch vom Fleck, wie meine längst auf die Gedultsprobe gestellt Ungeduld es wünscht" (K. MARX, F. ENGELS, a.a.O., S. 123). Marx schrieb in "fieberhafter Eile" "Das Ganze fast 50 druckbogenstarke Manuskript wurde in neun Monaten vom Juli 1857 bis März 1858 fertig" (R. ROSDOLSKY, Band 1, S. 21). Marx schrieb meist nachts: "Ich arbeite ganz kolossal, meist bis vier Uhr morgens" (K. MARX, F. ENGELS, a.a.O., S. 77). Diese exzessive Arbeit führte oft zu psychosomatischen Schreibblöcken: zur Gelbsucht und zur Karbunkelkrankheit: "Ich selbst habe seit drei Wochen wieder mediziniert und erst heute wieder damit aufgehört - ich hatte die Nachtarbeit ... zu sehr übertrieben" (K. MARX, F. ENGELS, a.a.O., S. 79). Marx schrieb sich oft in Schreibblöcke hinein: "Der Gallendreck macht mir schwer, die Feder zu führen, und das Herabbeugen des Kopfes auf das Papier macht mich schwindlig" (K. MARX, F. ENGELS, a.a.O., S. 91). **Aufgabe:** Zeichnen Sie die Figur eines Menschen. Markieren Sie in dieser Figur die Spannungen, die Ihren Schreibprozeß begleitet. Stellen Sie dann Überlegungen an zu Ihrer Symptomwahl beim Schreibprozeß.

Überarbeitung

Marx arbeitete Texte häufig um. "Ich habe völlige Umarbeitung des Manuskripts für nötig erachtet" (K. MARX, F. ENGELS, a.a.O., S. 214). "Werde ich das Manuskript nicht drucken lassen, ohne es noch einmal sachlich und stilistisch umzuarbeiten" (K. MARX, F. ENGELS, a.a.O., S. 14). Engels bekam alle Texte zum "Kapital" zur Kritik und kritisierte gründlich. "Der illustrierende Punkt nie am Schluß ... resümiert ... das ist scheußlich ermüdend und bei nicht scharfer Aufmerksamkeit auch verwirrend... Einige Punkte mir noch nicht ganz klar... scheint dies vierte Kapitel am raschendsten geschrieben und am wenigsten wieder durchgearbeitet zu sein" (K. MARX, F. ENGELS, a.a.O., S. 143f). **Aufgabe:** Schreiben Sie einen Text von einer Seite Länge über den Begriff "Rolle" und tauschen Sie ihn mit einem Studienkollegen zur gegenseitigen Kritik Ihrer Texte aus.

Marx versuchte seine Thesen oft zu überprüfen. "Ich war entzückt, meine theoretischen Resultate durch die Facts vollständig bestätigt zu sehen" (K. MARX, F. ENGELS, a.a.O., S. 144). Aus historischem Material fand er z.B. Belege für die Realität des Kampfes um die Höhe der Grundrente zwischen Farmern und Landlords. In den historischen Quellen sehen wir "hier einen praktischen Kampf auf Leben und Tod zwischen Farmern und Landlords" (K. MARX, F. ENGELS, a.a.O., S. 188). **Aufgabe:** Sehen Sie sich den Film "Spiel mir das Lied vom Tod" (Regie: Sergio Leone) an, analysieren Sie schriftlich den Kampf zwischen Farmern und Landlords in diesem Film.

4.4.3 Kleine Schule narrativer Feldforschung

Die neue Alltagssoziologie grenzt sich von der soziologischen System-theorie ab und hat als qualitative Methode die narrative ethnologische Feldforschung entwickelt. Sie basiert auf beteiligter Beobachtung, dem Abfassen von Notizen im Feld, nach der Feldarbeit und auf der Auswertung der Beobachtungen (vgl. H.S. BECKER: Außenseiter. Frankfurt 1981, S. 75f). Die Alltagssoziologie steht auf dem Standpunkt, daß soziologische Theorien deshalb oft scheitern, weil sie nicht auf der "präzisen und detailierten Beschreibung der sozialen Anatomie beruhen" (vgl. H.S. BECKER, a.a.O., S. 150f). Die Resultate der Feldforschung werden in der Alltagssoziologie entweder in Typen der Deutungsmuster der Feldsubjekte, in der Analyse der Stufen von biographischen Karrieren oder der Typisierung der Klassen sozialer Zwänge und Kontrollen vorgestellt (vgl. C.J. COOPER, a.a.O., S. 55-59). Eine kleine Schule narrativer Feldforschung wollen wir nun in folgenden Schreibspielen vorstellen:

Freies Schreiben
Die Teilnehmer schreiben schnell auf, was ihnen zu folgenden Satzan-fängen einfällt: "Ich begann...", "ich lebte...","ich habe vergessen...", "in jenen Tagen...", "ich war nur..."

Erfahrungen
Die Teilnehmer erinnern sich an eine gute Erfahrung aus der Vergangen-heit, an eine Überraschung, an den Beginn einer Liebe.

Gegensätze
Die Auseinandersetzung zweier Personen, zweier Alltgsgruppen, zweier Geschlechter, zweier Generationen, zwischen einem Menschen und einem

Tier werden dargestellt. Dabei spielen der Charakter, das Aussehen, das Millieu und der Lebensstil eine Rolle.

Konflikt
Jeder stellt einen Konflikt mit einer anderen Person dar, die er selbst erlebt hat. Der Konflikt kann auch ein innerer Konflikt sein, oder der Konflikt zwischen Mensch und Natur, Mensch und Maschine, Mensch und Tier.

Wichtige Orte
Denken Sie an Ihr Leben als Roman und rufen Sie sich alle Orte zurück, die in diesem Roman eine Rolle spielen könnten. Es können aber auch wichtige Personen, Berufe, Ferien, Tiere, Hobbys und Lebenswenden sein.

Gefühle
Jeder versucht ein positives Gefühl zu beschreiben, das er in der letzten Woche hatte, z. B. Liebe, Freude, Glück, Geborgenheit, Stolz usw.

Partner-Interview
Jedes Pärchen gibt sich gegenseitig ein Interview über die Hintergründe des eigenen Lebens und verfaßt über den Interviewten ein biographisches Porträt.

Schreibbilder
Es werden Bilder des Alltags aus der Massenpresse präsentiert und ein Text dazu verfaßt.

Lösung eines Problems
Beschreiben Sie als Leiter eines Seminars das Problem einer Familie im Stadtteil (Tochter kommt zu spät nach Hause, Vater ist betrunken, eine Familie wird exmitiert usw.), und fordern Sie alle Teilnehmer des Seminars auf, eine Lösung zu erschreiben.

Alle fünf Sinne
Es wird ein kleiner Spaziergang durch den Kiez gemacht. Dabei werden Objekte betastet, die Luft gespürt, die Farben gesehen, Pflanzen und Tiere gestreichelt. Danach werden die Eindrücke in exakten Beschreibungen niedergelegt.

Plätze der Kindheit
Es werden Bilder von Wohnungen, Kinderzimmern, Spielplätzen und Parks an die Wand geheftet. Jeder schreibt dann eine Kindheitserfahrung aus seiner Kinderwelt auf (J. GOULD: The Writer in All of Us. Improving Your Wirting through Childhood Memories. New York 1989, S. 174 ff.).

Wechsel

Die Teilnehmer erinnern sich an abrupte Umbrüche in der Gegenwart (Systeme, Verluste von Personen, Krisen) und versuchen, sie zu beschreiben.

Das Unbekannte

Die Begegnung mit einer unbekannten Person, einer fremden Stadt, einer fremden Institution ist hier das Thema.

Symbole

Jeder malt ein Symbol, das eine Bedeutung für sein Leben hat. Die Symbole werden verlost, und das geloste Symbol wird in seiner Lebensbedeutung beschrieben.

Tagebuch

Über eine Woche schreibt jeder jeden Tag ein Stück Tagebuch. Am Ende der Woche entsteht dann eine Wochenlaufgeschichte.

Spezialkenntnisse

Jeder schreibt zehn Zeilen über das, was er als seine Spezialkenntnis betrachtet.

Die bisher entwickelten Übungen sind eine gute Vorbereitung für echte ethnologische Feldforschung. Im folgenden sollen einige Übungen vorgestellt werden, die auf die Untersuchung konventioneller Sprachmuster im Feld zielen. Das Forschungsinteresse wird dabei von drei Ausgangshypothesen bestimmt:

① Sprache wird durch die Situation bestimmt, in der sie gebraucht wird.
② Erfolgreicher Sprachgebrauch setzt die Kenntnis von Regeln voraus, die die Sprechsituation bestimmen.
③ Sprache ist durchdrungen von Erzählmustern, die für die jeweiligen Sprechsituationen modifiziert werden.

Mythen

Die Teilnehmer werden aufgefordert, alle Mythen der Familie und der Region aufzuschreiben, die Sie aus ihrer Kindheit kennen. Sie sollen dann herausfinden, in welcher Situation diese Mythen erzählt wurden und welche Funktion dieses Erzählen hatte. (MAANEN, J.v.: Tales of the Field. On Writing Ethnography. Chicago 1988)

Dialekte
Die Teilnehmer sollen mit Hilfe von Tonbandaufzeichnungen und Gesprächstranskriptionen überprüfen, welchen Dialekt Sie sprechen und aus welcher Gegend dieser Dialekt stammt. Anschließend ist die Funktion dieses Dialektes durch Interviews zu klären.

Institutionen im Feld
Die zentralen Sprechakte und Sprechsituationen z.B. in Bingo-Zentren, Spielhallen oder Nachtbars werden von den Teilnehmern durch teilnehmende Beobachtung erhoben. Die spezifischen Gesprächsthemen, Gesprächsrituale und authentischen Schlüsselworte in derartigen Institutionen zu erheben ist das Ziel dieser Übung.

Subkultur
Jede Subkultur hat ihre eigene Sprache. Es gibt die Sprache der Jugendkulturen, der marginalen Gruppen (Fixer, Asylanten, Zuhälter, Kriminelle, Prostituierte) usw. Die Teilnehmer sollen in eine gewählte Subkultur eintauchen und ein Lexikon der Spezialbegriffe dieser Subkultur anlegen (vgl. H. B. TINBERG: Ethnography in the Writing-Classroom. in: Collage Composition and Communication 40,1 (1989), S. 79-82).

4.4.4 Krimi als soziologischer Text

Ein zentrales soziologisches Problem ist das der Außenseiter (vgl. H.S. BECKER: Außenseiter. Frankfurt 1981, N. ELIAS/J.L. SCOTSON: Etablierte und Außenseiter. Frankfurt 1990). Die Deutungsmuster und die Arbeit sozialer Zwänge lassen sich sehr schön auf der Ebene der Alltagssoziologie in der literarischen Form des Krimis erfassen. Versuchen Sie mal, eine Kiminalgeschichte zu schreiben. Zwei Dinge sind am Anfang wichtig: "In einem frühen Stadium der Erzählung schreibe ich über zwei Dinge: Einmal über den Mord und wie er passierte und zum anderen ... eine ganz grobe Gliederung der Erzählung, was zuerst war und was danach passierte" (H.R.F. KEATING: Writing Crime Fiction. London 1986, S. 19f).
Alle weiteren Daten zur Geschichte werden in Ihrem Journal notiert: Eine Seite brauchen Sie für jeden Charakter, der im Krimi auftauchen sollte, mit Namen, Erscheinung und Interessen, dann ist eine Auflistung wichtig aller Szenen der Geschichte, ein langer Brief über den Mord, dann die Gliederung: Erst Mord, dann Suche, dann Lösung. Schließlich sollten Sie eine Tabelle erstellen mit Argumenten für oder gegen den Mörder (vgl. H.R.F. KEATING, a.a.O., S. 77).

Benutzen Sie dieses Material aus Ihrem Journal, um mit Hilfe des Krimi-clusters einen kleinen Text zu produzieren und bedenken Sie: Am Anfang der Geschichte passiert immer ein Mord, dann folgt die Suche nach dem Täter und am Schluß wird die ganze Entwicklung, wie es zum Mord kam, geklärt (L.v.WERDER: Lehrbuch des kreativen Schreibens, a.a.O., S. 65f, 136-140).

4.5 Erdkunde

Erdkunde entstand ursprünglich aus Reiseberichten. Marco Polos Bericht über seine Reisen nach China führte dazu, daß ganz Europa nach Osten zu blicken begann. Columbus brachte Spanien die großen Reichtümer des neuen Kontinents. Vasco da Gama regte zur Gründung von Kolonien in Indien an. Magellan und Cook eröffneten die Erforschung des Pazifiks. Das Abenteuerliche an der Erdkunde blieb auch, als sie zur Wissenschaft wurde. Während aber die frühen Geographen geborene Erzähler waren, wurde die spätere Geographie spröde, versank in Zahlen, Daten, Fakten, in die "Analyse der menschlichen Verhältnisse im Raum". Kreative Schreib-methoden können helfen an die Grundintention der Erdkunde, die Erfor-schung der Ferne und der Fremde, wieder anzuknüpfen.

4.5.1 Schreibtechniken in der Geographie

Die Schreibmethoden

Der junge Geograph sollte ein Journal führen, um alle Fakten und Gefühle festzuhalten, die die Begegnung mit der Ferne und der Fremde in ihm auslöst (C. CASEWIT: How to make Money from Travel Writing. Chester 1988, S. 30-32). Am Ende eines Semesters bzw. einer Unterrichtseinheit kann er dann feststellen, welche Kentnnisse er über ein Land gewonnen hat und was ihn besonders an einem Land interessiert: Sprache, Wirtschaft, Politik, Verkehr, Kultur usw. Um die ersten Worte in Erdkunde auf das Papier zu bringen, sind die kreativen Schreibmethoden zu benutzen, die auch beim Schreiben in anderen Wissenschaften hilfreich sind: Freie Assoziation, Clusterbildung, Mind-Mapping, beobachten und beschrei-ben. **Aufgabe:** Benutzen Sie alle diese Methoden einmal zum Thema "Heuschreckenplage in Afrika". Analysieren Sie dann die Fakten und die Gefühlsanteile Ihres produzierten Textes.

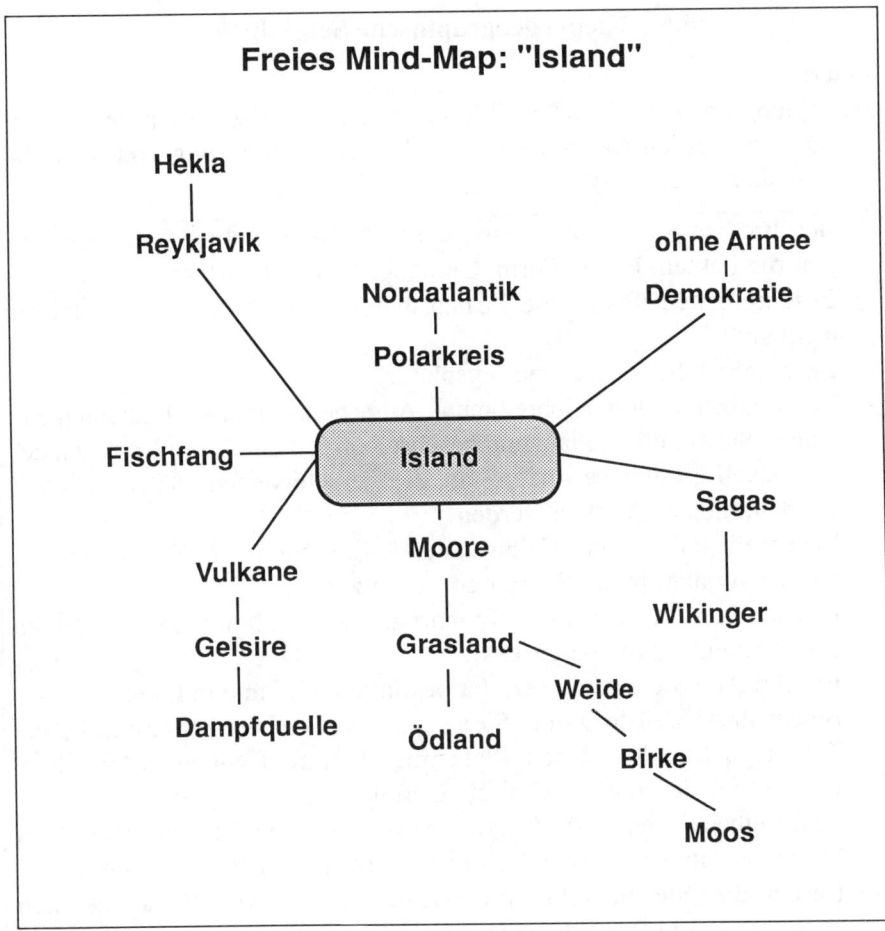

Aufgabe: Schreiben Sie nach diesem Mind-Map einen kleinen geographische Text über "Island".

4.5.2 Geographische Kurztexte

Kurztexte
Die Auseinandersetzung mit der geographischen Literatur sollte, wie in den anderen Wissenschaften, über die Kurzfassung von Artikeln, die Besprechung von Büchern und Filmen oder die Herstellung von Literaturübersichten erfolgen (näheres siehe z.B. in Kapitel 4.2.2 unseres Buches).

4.5.3 Kleine geographische Schreibspiele

Plätze

Jeder Geograph hat seinen Ort. Erkunden Sie, wie Sie zu Orten stehen, wie Sie Orte schriftlich fixieren können. Hier eine Sammlung von Schreibspielen über Orte:

- Beschreiben Sie den Platz, an dem Sie sich augenblicklich befinden. Nur die Fakten: Farbe, Form, Gerüche, Möbel, Fenster.
- Beschreiben Sie Plätze, die Sie häufig besuchen, an denen Sie aber jetzt nicht sind.
- Beschreiben Sie Ihren Lieblingsplatz.
- Beschreiben Sie Ihren Schreibraum: Aussehen, Personen, Beziehungen.
- Gehen Sie auf einen Platz und beschreiben Sie ihn. Beim Vorlesen der Texte sollte dann besonders auf die verschiedenen Plätze geachtet werden, die beschrieben werden.
- Beschreiben Sie Ihren Wohnraum, während Sie in der Schule bzw. in der Universität, in der Schreibgruppe sitzen.
- Beschreiben Sie dann Ihren Wohnraum, wenn Sie ihn betreten haben und vergleichen Sie beide Texte.
- Beschreiben Sie einen Platz, der bestimmte Gefühle in Ihnen auslöst.
- Beschreiben Sie einen Ort, den Sie am meisten in der Welt hassen oder lieben.
- Schreiben Sie über einen Platz mit allen fünf Sinnen (Aussehen, Geräusche, Geschmack, Geruch, Gefühl).
- Beschreiben Sie einen Platz, indem Sie die dortigen Anwohner mit Ihren Wohnungseinrichtungen, mit Ihren Bildern und Büchern beschreiben.
- Beschreiben Sie einen Raum so, daß der Charakter der Person deutlich wird, die diesen Raum bewohnt.
- Beschreiben Sie als Geograph einen Platz, der eine besondere geographische Bedeutung hat.
- Beschreiben Sie einen Marktplatz so, daß das Zeitalter, die Jahres- und Tageszeit erkenntlich wird.
- Beschreiben Sie einen Platz auf der Erde mit den Augen eines extraterristischen Besuchers.
- Beschreiben Sie einen Ort als Blinder, als Hund, als Mann oder Frau.
- Beschreiben Sie einen Ort nur mit einem Sinn, als Geruch, als Geräusch, als Gefühl oder als Geschmack.

(vgl. M.S. WILLIS: Personal Fiction Writing. New York 1984, S. 9 - 26)

Phantasiereisen

Viele Orte in der Erdkunde sind Orte der Phantasie. Nutzen Sie die Möglichkeiten der Phantasiereise, um Ihren geographischen Horizont zu erweitern. Listen wir einige Phantasiereisen auf:

Einleitungssätze

Machen Sie aus einem der folgenden Einleitungssätzen eine Reisegeschichte:

- Ich sah wie der Vorhang sich bewegte...
- Sie hörte seltsame Schritte hinter sich...
- Plötzlich ertönte eine Stimme...
- Das Mädchen wirkte sehr nervös...
- Es war so friedlich...

Fliegender Teppich

Die Teilnehmer fühlen sich auf einem fliegenden Teppich, der in ein fremdes Land fliegt. Diese Flugreise sollte jeder beschreiben.

Historischer Augenblick

Die Gruppe sammelt Namen großer Entdecker der Geschichte. Über jeden Namen werden einige Fakten zusammengetragen. Dann schreibt jeder über eine der gewählten Personen. Er beschreibt dessen "historischen Augenblick", der ihn zu der Person machte, die in die Weltgeschichte der Geographie einrückte.

Gespräche

Große Geographen werden genannt. Jeder wählt sich einen der genannten Geographen und beschreibt ein Gespräch mit ihm.

Türen

"Der Held einer Abenteuerreise erwacht in einem leeren Raum. Er verläßt ihn durch die einzige Tür." Beschreiben Sie was nun passiert.

Abenteuer

Die Seminargruppe oder die Klasse ist durch eine fremde Macht in einem einsamen Bunker in der Wüste Gobi ausgesetzt worden. Schreiben Sie im Reihumverfahren (immer jeder einen Satz in Untergruppen von 3 Personen), wie sich die Gruppe befreit und was Sie dabei erlebt.

Aus fremder Perspektive

Verschiedene Länder werden genannt. Jeder wählt sich ein Land und beschreibt die zentrale Lebenserfahrung seiner Bewohner.

Katastrophen

Es werden verschiedene Katastrophen an verschiedenen Orten vorgestellt (Flugzeugnotlandung, Sturmfluten, Superexplosionen usw). In einer Geschichte wird dann eine Person beschrieben, die diese Katastrophe überlebt hat.

Kitzlige Situationen

Stellen Sie sich vor, Sie sind mit sechs Personen in einem Ruderboot, das auf hohem Meer in Gefahr ist, zu sinken. Allerdings: Wenn zwei ins Wasser springen, wird das Boot mit den anderen vier Insassen nicht kentern. Beschreiben Sie nun eine der Personen, die überlebt.

Letzte Sätze

Geben Sie folgende Schlüsse von Reisegeschichten vor und lassen Sie die Geschichte so schreiben, daß der vorgegebene Schlußsatz stimmt, z.B.

- ... gut oder schlecht, es war völlig offen, was es bedeutete.
- ... mein Glück kannte keine Grenzen.
- ... es war genau so, daß der Gewinner alles bekam.
- ... in dieser Zeit waren mir einige wichtige Gedanken aufgegangen.

(vgl. R. DYNES: Creative Writing in Group Work. Oxson 1988, S. 47ff)

Musik spielen

Spielen Sie die exotische Musik eines Dritte-Welt-Landes und lassen Sie die Schüler bzw. Studenten aufschreiben, was Ihnen einfällt, während die Musik spielt.

Karten zeichnen

Lassen Sie die Karte eines imaginären Landes zeichnen (vgl. die Karte von Mittelerde in J.R. TOLKIEN: Der Herr der Ringe. Stuttgart 1974 Bd. I). Lassen Sie Seen, Flüsse, Städte, Hauptstädte, Verkehrswege, Industrien, Gebirge und besondere Landschaften einzeichnen. Dann soll ein kurzer Bericht vom Besuch dieses auf der Landkarte erschienenen Landes gegeben werden (vgl. R. MURPHY: Imaginary Worlds. Notes on an new Curriculum. New York 1974, S. 9-28).

Poetisches Schreiben nach einer Karte
Legen Sie dem Kurs einen Ausschnitt einer Karte vor, auf dem eine Stadt benannt wird, die nicht sehr bekannt ist, z.B. Soest. Lassen Sie die Teilnehmer folgende Fragen der Stadt beantworten:

1. Wenn die Bewohner aus dem Haus treten, was für eine Landschaft sehen Sie?
2. Wie beeinflußt die Landschaft die Bewohner?
3. Wie heißen die Namen der umliegenden Berge, Seen und Flüsse?
4. Welches Geheimnis birgt die Stadt?
5. Was wird hier besser hergestellt als sonst in der Welt?
6. Was ist das schlimmste Wetter in dieser Stadt?
7. Was sehen und hören die Leute, die abends durch die Stadt wandern?
8. Was fürchten die Leute in dieser Stadt?
9. Was steht auf den Grabsteinen dieser Stadt?
10. Was für Kirchen gibt es in dieser Stadt?
11. Was predigt der Pfarrer?

Wenn die Teilnehmer diese Fragen beantwortet haben, machen sie aus diesen Antworten ein Gedicht. Schreiben Sie so ein Stück poetischer Geographie! (vgl. T. BUCZINSKY: Wild Currents. Prompts for Creativ Writers. In: Teachers and Writers 22,4 (1991) S. 8f).
Wenn Sie wollen, können Sie das folgende Gedicht über Soest als Beispiel benutzen:

Soest
Soest, eine Stadt der Parks, der grünen
Mauern.

Die Leute ruhig, die Wasser still, die Bäume
blühen.

Weit im Land der Rhein, die Berge der Römer
das Land der Friesen weit.
Unentdeckt der Schatz der Nibelungen,
das Lachen des Zwerges.

Merkwürdige Gedanken durchdringen die Fachwerkhäuser.

Wenn der Sturm weht, flackern Kerzen
in hölzernen Stuben.

Abends gehen durch die Parks
Rilkes zitternde Geliebte.

Sie sollen nicht an die Türen klopfen.
Auf einem Grabstein steht: "Du weißt."

Die Kirchenglocken fliegen durch den Himmel.

Frieden, endlich Frieden in Soest.

4.5.4 Der Exkursionsbericht als Reiseliteratur

Die meisten Exkursionsberichte landen im Institutsarchiv, die Berichte über Klassenfahrten in der Schulbibliothek. Versuchen Sie doch einmal, geographische Texte auf Fahrten und Exkursionen so zu schreiben, daß sie veröffentlicht werden könnten. Bedenken Sie dabei die Ratschläge von Morag Campwell:

Bereiten Sie die Reise durch das Ansehen von Filmen, von Ausstellungen, das Lesen von Reisemagazinen und wissenschaftlicher Literatur vor. "Die Forschung, die sie zu Hause machen, vor dem Reisestart, hilft ihnen die Reise zu bestehen und einen guten Reisebericht zu schreiben" (M. CAMPWELL: Writing about Travel. London 1989, S. 65).

Führen Sie ein Reisetagebuch. Schreiben Sie die Erfahrungen aller Sinne (Geräusche, Gerüche, Gefühle, Gesichter, Gedanken, Farben usw.) auf. Vermeiden Sie die Klischees der Reiseliteratur, wie "goldener Sand, blauer Himmel, sonnige Ferien" usw. Machen Sie viel zu Fuß. Schreiben Sie die Straßennamen auf, durch die Sie gehen. Kaufen Sie Ansichtskarten. Suchen Sie Bus- oder Bahnstationen auf, dort sind die besten Beobachtungen von Menschen zu machen. Nehmen Sie an kulturellen Aktivitäten vor Ort teil. Achten Sie auf lokale Mythen und Sagen, weil sie in besonderer Weise die geographischen Erfahrung in ihrer mythischen Tiefe aufzeigen können (vgl. M. CAMPWELL, a.a.O., S. 28-40).

Aufgabe: Üben Sie mal einen kleinen literarischen Reisebericht. Verlassen Sie für 20 Minuten das Seminar oder das Klassenzimmmer, erfahren Sie mit allen Sinnen die Umwelt und den Kiez, der sich Ihnen darbietet, und schreiben Sie dann bei der Rückkehr einen kurzen Exkursionsbericht. Oder probieren Sie die Schreibspiele von Perry Garfinkel "Travel Writing" (New York 1988) aus:

Freie Assoziation
Beginnen Sie Ihre Assoziation mit dem Satz: "Hier und jetzt stehe ich ..."

Postkarte aus dem Paradies
Stellen Sie sich vor, Sie haben den schönsten Ort der Welt erreicht. Schreiben Sie nun eine Postkarte über diesen Ort an Ihren besten Freund oder an Ihre beste Freundin.

Gespräche
Zeichnen Sie eine Stunde lang alle Gespräche, die Sie auf der Straße hören in ein kleines Notizbuch. Suchen Sie in diesen Gesprächen nach dem Plot einer Reisegeschichte.

Lieblingsplatz
Spielen Sie Video-Kamera und beschreiben Sie Ihren Lieblingsplatz.

Blind schreiben
Verlassen Sie den Raum, in dem Sie jetzt sitzen, und beschreiben Sie ihn von außen. Dann gehen Sie wieder in den Raum, und vergleichen Sie Ihren Text mit der Realität.

Reisegeschichte
Erinnern Sie sich an eine Reise, und schreiben Sie eine kurze Reisegeschichte, die mit den Worten beginnt: "Das ist die Geschichte über ..."

Reiseschriftsteller
Stellen Sie sich vor Sie sind ein Reiseschriftsteller. Sie sollen sich einem Verleger mit einem neuen Reisebuchprojekt vorstellen. Beschreiben Sie mit fünf Zeilen Ihre Qualifikation und entwerfen Sie ein kleines Exposé Ihres anzubietenden Reisebuches.

4.6 Politologie

Politologie beschäftigt sich mit der Entstehung und mit der Lösung von Konflikten in allen Bereichen der Gesellschaft, besonders aber des Staates. Politologie will die Qualifikation für politisches Handeln vermitteln. Um beim Konflikt handlungsfähig zu sein, braucht man Kenntnisse, einen Standpunkt, die Fähigkeit, die eigene Meinung auszudrücken und im Streit der Interessen diese Meinung auch durchzusetzen. Ein wichtiger Aspekt dieser Qualifikation ist die Fähigkeit des Schreibens. Mit Hilfe des Schreibens kann man Politologie lernen. Die Probleme des Gemeinwesens werden durch Schreiben klarer. Die eigenen Interessen gegenüber den Interessen anderer gewinnen durch Schreiben eine sichtbare Gestalt. Um viele Interessen zu klären und viele Informationen über die Konflikte im Gemeinwesen zu ordnen, ist für den angehenden Politologen die Fähigkeit des Schreibens unabdingbar. Die eigene politische Position gewinnt am besten Gestalt, wenn sie schriftlich ausgearbeitet wird.

4.6.1 Politologische Schreibtechniken

Entdeckendes Schreiben

Besonders verbreitet ist in der Politologie das "entdeckende Schreiben", das dem "Free-Writing" oder dem "Rapid-Writing" verwandt ist. **Aufgabe:** Wählen Sie einen politischen Begriff (Staat, Partei, Klasse, Geld usw.) und schreiben Sie frei und schnell drei Minuten lang, was Ihnen zu diesem Begriff einfällt. "Machen Sie sich keine Gedanken, wenn Sie nicht in kompletten Sätzen oder wenn Sie in falscher Grammatik schreiben. Sie denken nur laut. Sie kommunizieren nicht mit anderen. Das frühe entdeckende Schreiben wird Ihnen helfen, Ihren Schreibinhalt zu erforschen und zu verstehen" (A.W. BIDDLE, K.M. HOLLAND: Writers Guide: Political Science. Lexington 1987, S. 61).

Schnelles Schreiben

Schnelles Schreiben ist besonders gut geignet, wenn es darum geht, Ideen zu finden oder ein Thema einzugrenzen. Beim schnellen Schreiben ist es wie bei vielen anderen Aktivitäten: Der ganze Erfolg stellt sich dann ein, wenn der erste Erfolg zum Weitermachen motiviert. **Aufgabe:** Kommen Sie auf Ihre politischen Begriffe aus der vorhergehenden Aufgabe zurück und versuchen Sie einen politischen Begriff aus fünf verschiedenen Perspektiven darzustellen. Wenn Sie den Begriff Staat gewählt haben, gehen Sie vielleicht folgendermaßen vor: Schreiben Sie z.B. erst, was Sie über den Staat **wissen.** Schreiben Sie dann, was Sie über den Staat **fühlen. Zergliedern** Sie den Staat und beschreiben Sie seine Teile. Beschreiben Sie dann, was Sie für **Aktivitäten** gegenüber dem Staat vorhaben. Schreiben Sie dann über den Staat wie er Arbeitslosen, Unternehmern und Polizisten **erscheinen** mag (vgl. R.C. GEBHARDT, D. RODRIGUES: Writing. Process and Intensions. Lexington 1989, S. 44-47).

Die Schreibtechniken anderer Wissenschaften wie "Clustering", "Mind-Mapping", "Make a Tree", "Keep a Journal" sind auch in der Politologie verwendbar. **Aufgabe:** Machen Sie mal ein Mind-Map zum Begriff "Staat" und vergleichen Sie die Effekte des Mind-Maps mit den Effekten des schnellen Schreibens.

4.6.2 Kleine Formen des politologischen Schreibens

Zeitungsanalyse

Gegenwärtige politische Probleme stehen noch in keinem Lehrbuch. Sie finden sie in der aktuellen Zeitungslandschaft. Wählen Sie ein politisches Thema, schneiden Sie für eine Woche alle Artikel aus einer Tageszeitung aus, die in dieser Zeitung erschienen sind. Schreiben Sie nach einer Woche eine Zusammenfassung aller zum Thema erschienenen Artikel.

Briefe schreiben

Jeder politische Mensch will handeln. Handeln Sie politisch durch das Abfassen von Leserbriefen. Suchen Sie sich ein Thema in einer Tageszeitung, und schreiben Sie zu dem Thema einen Leserbrief an die entsprechende Zeitungsredaktion, der folgende Punkte berücksichtigt:

- Problem benennen
- Meinung zum Problem äußern
- Argumente für eine Problemlösung vorstellen
- Gegenargumente abwägen
- Aktion zur Problemlösung vorschlagen

Etwas weiter gehen Sie mit Ihrer Briefaktion, wenn Sie an Ihren Abgeordneten, an den Bürgermeister, einen Minister, einen Parteivorsitzenden oder den Bundeskanzler schreiben. Probleme gibt es sicherlich genug, also schreiben Sie gleich los.

Telefonieren

Wenn ein aktueller politischer Konflikt Sie herausfordert, greifen Sie zum Telefon. Vorher suchen Sie sich entsprechende Telefonnummern der geeigneten Politiker heraus, legen Sie auch eine Frageliste mit 5 Fragen an. Nach dem Gespräch machen Sie eine Notiz in Ihrem Journal über den Gesprächsinhalt. Sie können die Aussagen verschiedener Politiker zum gleichen Thema vergleichen.

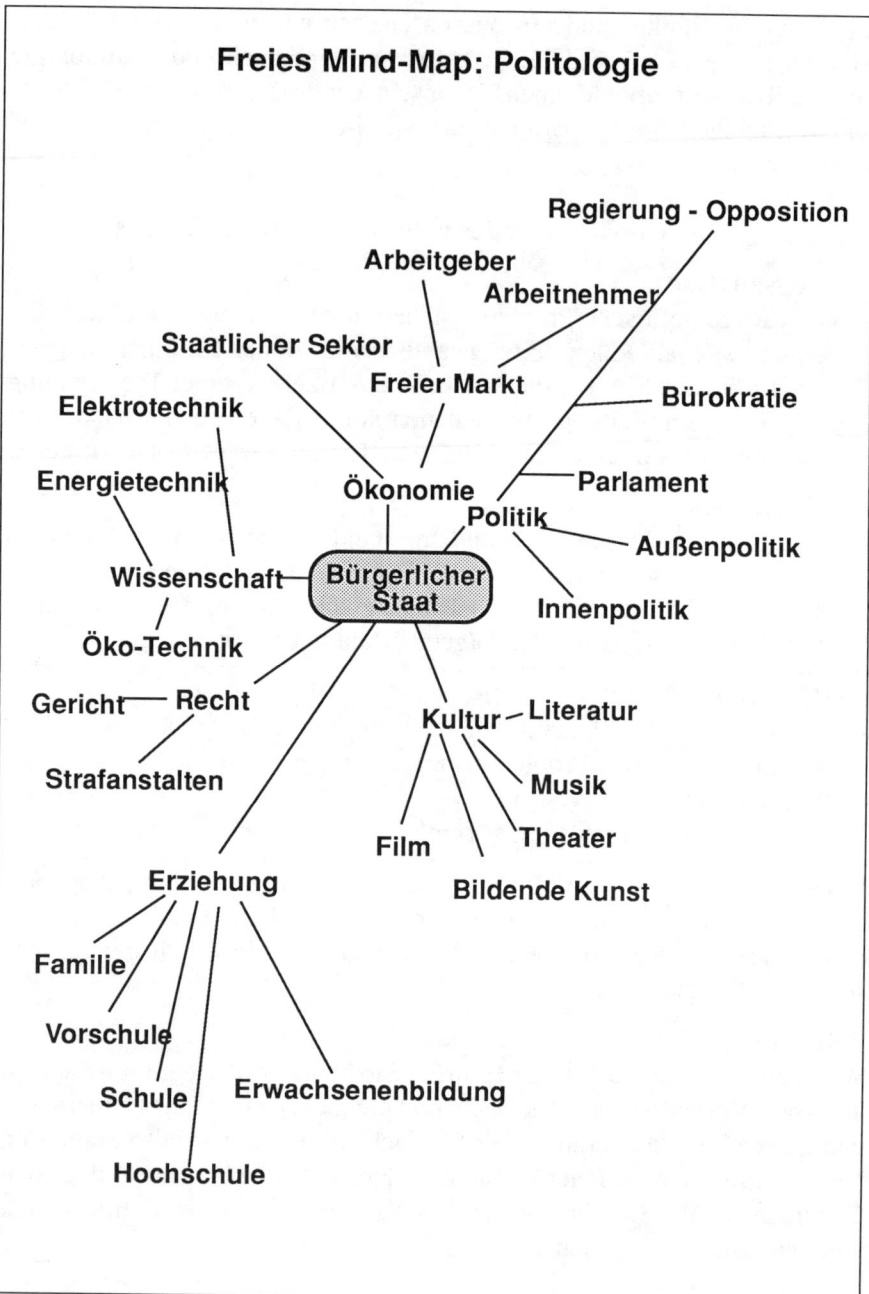

Freies Mind-Map: Politologie

Öffentliche Dokumente prüfen
Politik ist besonders gut dokumentiert in Veröffentlichungen von Entscheidungen des Bundesverfassungsgerichts, in Gesetzentwürfen, politischen Verträgen und Parteiprogrammen. Versuchen Sie z.b. die Entscheidungen zu analysieren, die in einem BGH-Urteil niedergelegt wurden, z.B. § 218.

Kurzfassung einer politischen Analyse
Die Analyse eines politischen Konfliktes in einem Zeitungsartikel, einem Zeitschriftenartikel usw. ist eine wichtige politische Textform. Wählen Sie aus einer Tageszeitung einen Leitartikel und stellen Sie eine Kurzfassung dieses Artikels her. Dabei sind folgende Aspekte wichtig:

- das Problem
- die Lösungsvorschläge
- die abschließende Lösung

4.6.3 Politologische Schreibspiele

Protopolitik
Aus der Sozialisationsforschung ist bekannt, daß die politischen Grundorientierungen der Menschen in der Familie geprägt werden. Im Verhältnis zu den Eltern entwickeln die Kinder ihre Verhaltensmuster gegenüber Autoritäten. Dabei wird entweder das Muster der Anpassung, der Rebellion oder der Flucht ausgebildet. Benutzen Sie die Methode des "schnellen Schreibens" und schreiben Sie fünf Minuten über das Thema "Vater". Analysieren Sie dann das Verhältnis zum Vater und überprüfen Sie, wie weit Ihr Verhältnis zu Ihrem Vater sich von Ihrem Verhältnis zu Ihrem Staatschef unterscheidet oder deckt.

Konflikte
Beschreiben Sie einen Konflikt. Wählen Sie erstens zwischen folgenden Konfliktparteien: Mann - Frau, alt - jung, Herr - Knecht, Diktator - Rebell, Deutscher - Ausländer, Links - Rechts.
Wählen Sie zweitens, in welcher Rolle Sie den Konflikt darstellen wollen, und beschreiben Sie den Konflikt. Schlüpfen Sie in die Rolle des Konfliktpartners, und beschreiben Sie den Konflikt mit den Augen des anderen. Vergleichen Sie Ihre beiden Positionen.

Politisches Manifest

Stellen Sie sich vor, Sie wollen eine Partei gründen. Entwerfen Sie die Kennzeichen dieser Partei und verfassen Sie ein politisches Manifest dieser Partei. Entwerfen Sie auch Slogans für den Wahlkampf und für einen Parteispot im Fernsehen.

Bilder

Legen Sie sich die Bilder wichtiger Politiker aus Vergangenheit und Gegenwart vor. Wählen Sie einen Politiker aus, und beschreiben Sie seinen Charakter. Dann wählen Sie noch eine zweite Postkarte aus und beschreiben den Charakter dieses zweiten Politikers. Welche Unterschiede im Charakter von Politikern stellen Sie fest?

Zeitzeuge

Jeder von uns war einmal Zeuge eines wichtigen politischen Ereignisses. Schreiben Sie auf einen Zettel alle wichtigen politischen Ereignisse, denen Sie beiwohnten. Lassen Sie das Seminar ankreuzen, über welches Ereignis Sie informiert werden möchten. Schreiben Sie dann einen Bericht über das Ereignis, das die meisten Stimmen bekommen hat.

Dritte Reich-Archäologie

Als Teilnehmer oder als Kind eines Teilnehmers am Dritten Reich lassen sich bei jedem von uns die Spuren des Dritten Reiches entdecken. Überprüfen Sie Ihr Gedächnis, Ihr Träume, Ihre spontanen Gedanken, Ihre Ängste auf Spuren des Dritten Reiches. Schreiben Sie, nach Anfertigung eines Mind-Maps, einen Text über die "Spuren des Dritten Reiches".

Archetypen

In der Politik spielen Ursymbole eine große Rolle. Man denke nur an die Symbole in Staatsflaggen. Wählen Sie das Symbol einer Staatsflagge aus, z.B. Adler, Sonne, Kreuz, Stern oder Löwe. Schließen Sie die Augen, stellen Sie sich das Symbol vor und warten Sie, was Ihnen an Bildern zu diesem Ursymbol einfällt. Schreiben Sie dann einen Text über Ihr Ursymbol.

Politik ist immer Konflikt. In jedem Konflikt gibt es wenigstens zwei Parteien. Im folgenden wollen wir Schreibspiele vorstellen, die das Lösen von Konflikten als eine Auseinandersetzung zwischen Pro und Kontra durchspielen.

Die größten Probleme
Fertigen Sie eine Liste mit den größten Problemen der gegenwärtigen Gesellschaft an.

Pro und Kontra
Wählen Sie ein Problem aus und listen Sie auf, wer für die Lösung und wer gegen eine Lösung des Problems ist.

Interessensanalyse
Analysieren Sie die Interessen der Vertreter von Pro- und Kontra-Positionen eines Problems aus Ihrer Liste.

Positionen beziehen
Beziehen Sie Stellung zu einem gewählten Problem aus Ihrer Liste. Entwickeln Sie einen Plan, wie das Problem zu lösen ist. Berücksichtigen Sie bei Ihrer Planung die Gegner der Lösung, und machen Sie Vorschläge, wie die Gegner gewonnen, politisch ausmanövriert oder Kompromisse gefunden werden können.

4.6.4 Komplexe politische Probleme

Die meisten politischen Probleme sind komplex. Die folgenden Übungen wollen ein Stück weit in die Komplexität der politischen Probleme und ihrer Lösungen einführen.

Kiezbesichtigung
Machen Sie einen Rundgang durch den nächsten Kiez. Sammeln Sie alle sozialen Probleme, deren Sie dort ansichtig werden, und machen Sie Vorschläge, wie sie zu bewältigen sind.

Zeitung lesen
Nehmen Sie eine Tageszeitung. Lesen Sie sie von der ersten bis zur letzten Seite und definieren Sie alle Probleme, die Sie in dieser Zeitung finden: Von der Außenpolitik, über Innenpolitik, Kultur, Wirtschaft hin zu Sport und Lokalpolitik. Versuchen Sie, Zusammenhänge zu finden: Zwischen den verschiedenen Problemen in den verschiedenen Sparten Ihrer Tageszeitung.

Viele Blicke
Ein wichtiges politisches Problem ist z.B. die Integration der neuen Bundesländer. Beschreiben Sie dieses Problem aus der Sicht eines Politi-

kers, eines Soziologen, eines Psychologen, eines Geographen, eines Literaten, eines Theologen und eines Philosophen.

Viele Denkweisen
Nehmen Sie das Problem der "Asylgewährung", und probieren Sie an ihm verschiedene Denkweisen aus.

- Vergleichen Sie das Problem mit einem ähnlichen.
- Definieren Sie das Problem.
- Nennen Sie Ursachen und Wirkungen des Problems.
- Nennen Sie Typen Ihres Problems.
- Zergliedern Sie Ihr Problem in Unterabschnitte.

Soziale Lagen
Die politischen Interessengruppen scheinen in ihren Interessenlagen von ihren sozialen Lagen bestimmt zu werden. Ökonomische Interessen z.B. haben einen großen Einfluß auf die Politik. Beschreiben Sie erstens die ökonomischen Interessen folgender Gruppen:

- Unternehmer
- Arbeiter
- Polizist
- Intelektueller
- Beamter
- Angestellter
- Ausländer
- Stadtstreicher

Beschreiben Sie zweitens, wie die unterschiedlichen ökonomischen Interessen von zwei ausgewählten Gruppen der vorliegenden Skala vermittelt werden können.

Politische Subsysteme
Die Politik zerfällt in viele Subsysteme wie z.B. Finanzen, Wirtschaft, Familie, Gesundheit, Kultur und Sport. Welche Möglichkeiten hat der Staat,auf die politischen Subsysteme einzuwirken? Bilden Sie zwei Spalten: Auf der linken Seite die Spalte Subsysteme mit starkem staatlichem Einfluß, auf der rechten Seite Subsysteme mit schwachem staatlichem Einfluß. Begründen Sie dann schriftlich Ihre Auswahl.

Lösungen
Es gibt verschiedene Formen der Lösung politischer Probleme: Krieg, Revolution, Reform, Unterdrückung, Verheimlichung, Verschiebung, Sündenbock finden. Welcher politischen Strategie sind Sie verbunden? Schreiben Sie einen Text zur Verteidigung Ihrer Strategie. Welche politische Strategie halten Sie für besonders gefährlich? Schreiben Sie einen Text, mit dem Sie Ihre Meinung von der Gefährlichkeit einer politischen Strategie darlegen.

4.6.5 Literarische Formen politischer Texte

Gattungen
Jeder schreibt das wichtigste politische Problem, das er kennt, auf einen Zettel. Alle Zettel werden eingesammelt und verlost. Aus dem gelosten Problem wird erst ein Gedicht, dann ein Dialog, dann eine Kurzgeschichte gemacht.

Kampfschriften
Schreiben Sie ein Flugblatt, eine Anzeige, einen Protestbrief über ein politisches Problem, das Sie besonders nervt.

Videofilm
Das Hauptproblem in Ihrem Kiez soll Inhalt eines kleinen Videofilms werden. Stellen Sie das Hauptproblem fest und schreiben Sie ein Drehbuch für den Videofilm.

Politische Ethik
Oft ist versucht worden, menschliche Konflikte durch Moralvorschriften zu lösen (vgl. zehn Gebote, Magna Charta, Menschenrechte usw.). Entwerfen Sie fünf Gebote, die die Lösung der heutigen Problem beinhalten würden.

Utopie
Durch die ganze Geschichte der politischen Literatur ziehen sich Utopien: Von Plato, über Thomas Morus bis zu Adlous Huxley. Immer standen sich positive und negative Utopien gegenüber, Utopien, die die Menschen zum Glück oder Utopien, die meinten, daß die Menschen in Ihren Untergang marschieren. Heute heißt die utopische Alternative: ("1984") Die Menschheit landet in einem Super-Terror-Staat oder "Ökotopia": Die Menschheit entwickelt sich zu einer sanften ökologisch verträglichen Gesellschaft. Wählen Sie nun eine der beiden Alternativen und beschreiben Sie die gewählte Utopie in Form eines Gedichtes.

4.7 Mathematik

Kreatives Schreiben kann auch beim Lehren und Lernen von Mathematik eingesetzt werden. Wenn sich Schüler oder Studenten über ein mathematisches Problem schriftlich äußern, trägt das auch zur Klärung und Strukturierung des mathematischen Denkens bei. Der kreative Schreibprozeß wird dann Teil des mathematischen Denkprozesses. Im Medium des Schreibens verbinden die Schreiber das alte mit ihrem neuen mathematischen Wissen (J. GOULD, a.a.O., S. 157-163). Durch die Übersetzung ihrer mathematischen Vorstellungen in den schriftlichen Ausdruck können Schreiber ihre Fachsprache der Mathematik besser in die Wissensbestände ihrer Alltagssprache integrieren. Um diesen Lernerfolg zu erreichen, sollte in Mathematik das kreative Schreiben zu einem normalen Bestandteil mathematischen Lernens werden. Durch die Schreibpraxis wird den Schülern und Studenten mathematisches Denken näher gebracht. Allerdings sind hier keine kurzfristigen Resultate zu erwarten. Nur eine längerfristige Verbindung von Schreiben und mathematischem Denken wird den Erfolg und Wert des Schreibens für die Mathematik offen legen (vgl. R. W. KENJON: Using Writing in Mathematics. In: D. WORSLEY, B. MAYER: The Art of Science Writing. New York 1989, S. 199).

4.7.1 Schreiberfahrungen in Mathematik

Das kreative Schreiben in Mathematik sollte folgende Erfahrungen berücksichtigen:

- Beim kreativen Schreiben in Mathematik sind alle kreativen Schreibtechniken nützlich, die auch in anderen Wissenschaften angewandt werden, wie z.B.: Schreiben ohne Zensur, Cluster-Bildung, Mind-Mapping, Rapid-Writing usw.
- Das kreative Schreiben in Mathematik läßt sich auch strukturieren. Um die schriftliche Umsetzung der mathematischen Operationen mit kreativen Schreibmethoden zu unterstützen, ist die Konfrontation mit folgenden fremdgestellten Fragen während und nach dem Vollzug der mathematischen Operationen sinnvoll: Wie haben Sie gedacht? Können Sie mehr darüber sagen? Erklären Sie Ihre Gedanken in einfachen Sätzen, die ein Laie verstehen könnte! Was sind die Gründe für Ihren Glauben, daß das Ergebnis Ihrer Berechnungen stimmt?

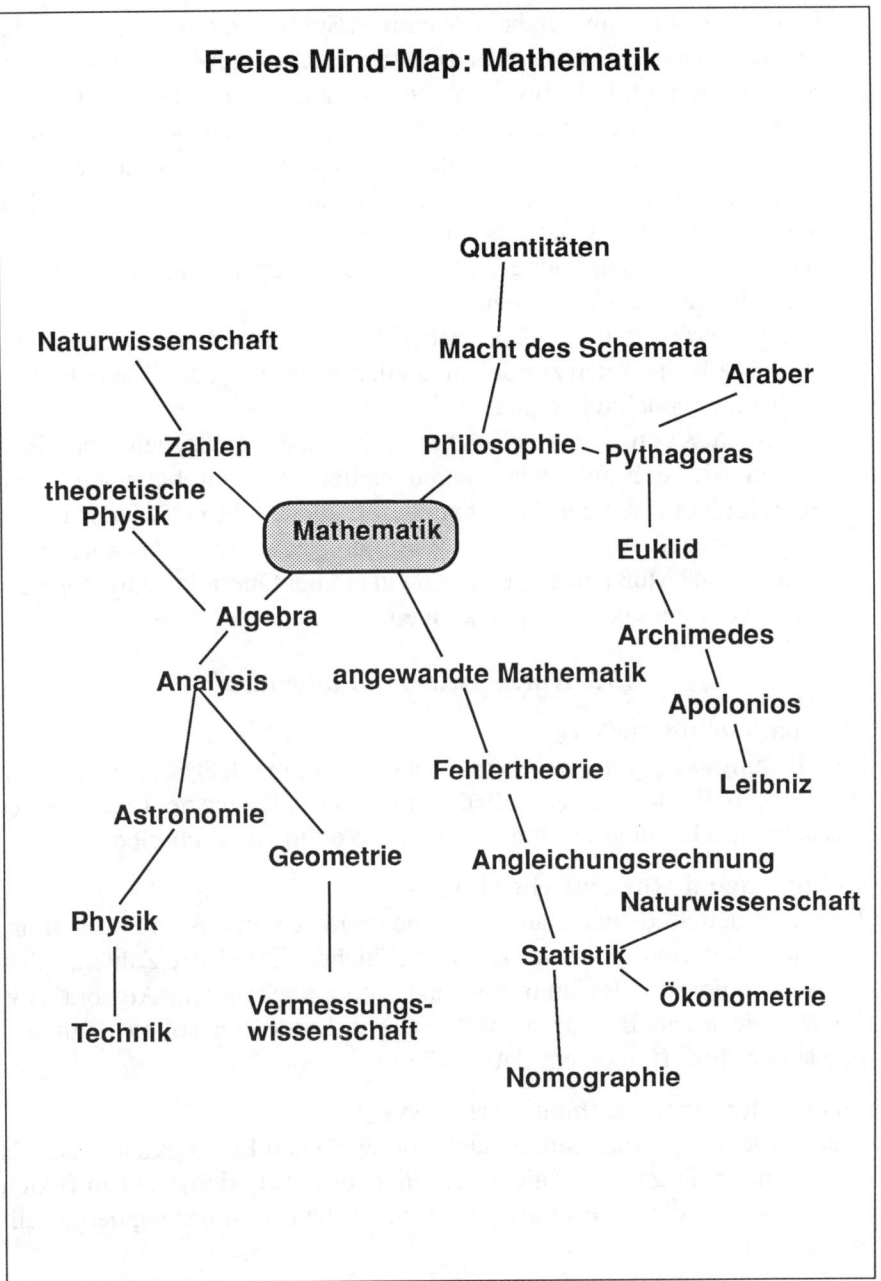

Freies Mind-Map: Mathematik

- Es ist durchaus sinnvoll, beim kreativen Schreiben ein ganzes Bild der mathematischen Operationen zu geben. Schreiben Sie also erst Ihre Startideen, dann Ihre Bewertungen dieser Ideen, dann den gewählten Lösungsweg und schließlich die Erfahrungen auf dem Weg zur Lösung.
- Die eigenen Texte sollten im Unterricht nicht bewertet werden. Sie sind weder falsch noch richtig, sondern Ausdruck des augenblicklichen Standes Ihres mathematischen Denkens.
- Benutzen Sie Diagramme und graphische Darstellungen, damit Ihre Texte überzeugender werden.
- Beim Überarbeiten des Geschriebenen ist es sinnvoll, an einen Freund als Schreibadressaten zu denken. Stellen Sie sicher, daß diesem Freund Ihr Text einleuchten könnte.
- Angesichts von Schreibblöcken beim mathematischen Schreiben sollten Sie sich folgende Fragen stellen: Warum habe ich einen Schreibblock? Welche Informationen brauche ich, um wieder in den Schreibprozeß zu kommen? Wie kann ich diese Informationen bekommen? Muß ich einige Schritte in meiner Operation zurückgehen, um wieder vorankommen zu können?

4.7.2 Kurze Texte in Mathematik

Der mathematische Weg
Der Lösungsweg jeder mathematischen Aufgabe läßt sich schriftlich niederlegen. Fordern Sie deshalb die Studenten auf, nach der Lösung einer Aufgabe Ihre Lösungsschritte in eigenen Worten zu beschreiben.

Definitionen mathematischer Begriffe
Legen Sie den Studenten mathematische Begriffe vor, z.B. Multiplikation, Division, Addition, Subtraktion, Wurzel ziehen, imaginäre Zahlen, sphärische Geometrie, Gleichung mit mehreren Unbekannten, Algebra usw. Lassen Sie einen Begriff auswählen. Die Studenten sollen dann den gewählten Begriff in einem Satz erklären.

Gründe für einen mathematischen Weg
Meist arbeitet die Mathematik nach vorgegebenen Lösungsschemata. Es ergibt eine wichtige und oft nicht zu beendende Diskussion, wenn in Texten die Gründe für einen gewählten mathematischen Lösungsweg dargestellt worden sind.

Geschichte der Mathematik

Schreiben Sie die wichtigsten Entdeckungen der Mathematik auf und ordnen Sie sie in einen geschichtlichen Rahmen ein.

Biographie von Mathematikern

Suchen Sie sich einen wichtigen Mathematiker und geben Sie eine Kurz-Biographie seines Lebens (vgl. R. SAWYER: How to Write Biographies and Company Histories. Missoula 1989, S. 117-162).

Portrait

Fertigen Sie ein Portrait Ihres wichtigsten Mathematiklehrers oder Mathematikprofessors an (vgl. K. MACOREE: Twenty Teachers. New York 1984).

Testfragen

Am Ende einer Mathematikstunde schreiben alle Schüler bzw. Studenten anonym eine Frage auf einen Zettel, die ihnen nach dieser Stunde noch ungelöst erscheint. Die Zettel werden dann verlost und jeder schreibt seine Lösung auf. Die Fragen und Ihre Lösungen werden dann am Anfang der nächsten Stunde vorgelesen und kommentiert.

Geometrische Texte

In Geometrie werden Berechnungen und Zeichnungen oft von starken Gefühlen begleitet. Schlagen Sie die Zwei-Spalten-Methode vor. Man teilt ein Blatt Papier in zwei Spalten. In die linke Spalte können die Zeichnungen und Berechnungen eingetragen werden. In der rechten Spalte werden die Gefühle beschrieben, die einen beim Zeichnen und Rechnen bewegen oder blockiert haben. Aus dem Material beider Spalten wird dann ein kleiner Text entwickelt.

Journal

Im Journal, das jeder Schüler oder Student im Fach Mathematik führen sollte, können die täglichen Erfahrungen mit Mathematik, die wichtigsten mathematischen Operationen, die Gefühle gegenüber den Schülern bzw. Mitstudenten und gegenüber dem Lehrer bzw. dem Professor beschrieben werden. Im Journal finden auch Fragen Platz, die noch unbeantwortet sind und die bei entsprechender Gelegenheit im Unterricht eingebracht werden können (vgl. T. FULWILER: The Journal-Book. Portsmouth 1987).
Es entstehen so Bruchstücke einer mathematischen Lerngeschichte. Für die Führung des Journals können am Ende jeder Stunde oder jedes Seminars fünf bis zehn Minuten Zeit gelassen werden.

Traumlösung

Stellen Sie sich vor dem Schlafengehen ein mathematisches Problem, und schreiben Sie am Morgen - wenn Sie über dieses Problem geträumt haben - die geträumte Lösung auf.

Mathematisches Rätsel

Entwickeln Sie ein mathematisches Rätsel und fertigen Sie einen Text über dieses Rätsel an (vgl. H. KOHL: Mathematical Puzzlements: Play and Invention with Mathematics. New York 1987).

4.7.3 Kleine Schreibprojekte in Mathematik

Praxis

Untersuchen Sie die Praxis eines Mathematikers in der Industrie. Führen Sie einige Interviews mit Industriemathematikern durch, und klären Sie den Wert der Mathematik für den bestimmten Produktionszweig, in dem der Mathematiker arbeitet.

Buchbesprechung

Versuchen Sie eine Besprechung eines Aufsatzes aus einer mathematischen Fachzeitschrift oder eines wichtigen mathematischen Lehr- oder Fachbuches.

Forschungsbericht

Schreiben Sie einen Bief an die "Nationale-Mathematiker-Gesellschaft", und lassen Sie sich über die neuesten Forschung im Feld der Mathematik unterrichten. Stellen Sie dann diese neuen Forschungen in einem kleinen Bericht vor.

Finanzplan

Entwickeln Sie einen Plan, wie Studenten den Grundstein für ein eigenes Vermögen legen können. Ziehen Sie dafür Informationen bei Fachleuten für Finanzmathematik ein.

Statistik

Besuchen Sie eine Versicherungsgesellschaft, und beschreiben Sie die Arbeit eines Statistikers in diesem Betrieb.

Berühmter Wissenschaftler

Stellen Sie fest, wer der berühmteste lebende Mathematiker ist, sammeln Sie Informationen über sein Leben, und schreiben Sie nun eine kleine Kurz-Biographie.

Angst

Viele Menschen haben Angst vor der Mathematik. Machen Sie eine Umfrage über die vorherrschenden Ängste, und entwickeln Sie in einem kleinen Papier Pläne, wie diese Ängste vor der Mathematik abgebaut werden können (vgl. S. TOBIAS: Succeed with Math: Every Students - Guide to Conquering Math Anxiety. New York 1987, S. TOBIAS: Overcoming Math Anxiety. New York 1982).

Frühgeschichte der Mathematik

Stellen Sie die ältesten Operationen früher Zivilisationen dar, und begründen Sie die Entstehung der Anfänge der Mathematik.

Computer

Untersuchen Sie die Bedeutung neuester mathematischer Verfahren für die Computer-Technologie.

Studiengang

Besorgen Sie sich die Unterlagen über Mathematik-Studiengänge von mehreren Universitäten. Vergleichen Sie diese Studiengänge, und stellen Sie in einem Papier die Unterschiede in den Ausbildungen vor.

Messungen

Beschreiben Sie die Geschichte bedeutender Messungen, z.B. der Länge des Tages, des Erdumfanges, des Alters der Menschheit, des Zeitpunktes des Urknalls, des Untergangs von Atlantis oder der Größe des Universums usw.

Rollenprosa

Schlüpfen Sie in die Rolle eines Chemikers, Physikers, Ökonomen oder Psychologen, und schreiben Sie in dieser Rolle einen Brief, in dem Sie Ihr berufliches Verhältnis zur Mathematik erläutern.

Poesie

Suchen Sie Gedichte, Lieder oder Kurzgeschichten über Mathematik heraus (vgl. J. HEATH-STUBBS, P. SALMAN: Poems of Science. New York 1984, V. SHORTRIDGE: Songs of Science. Bosten 1930, R. ROCKER: Mathemats: Tales of Mathematical Wonder. New York 1987 und J. S. MADACHY: Mathematics on Vacation. New York 1966).

Am Beispiel der Texte, die sich auch in deutscher Poesie finden lassen, schreiben Sie dann ein eigenes Lied, ein Gedicht oder eine Kurzgeschichte über ein mathematisches Problem.

4.8 Pädagogik

Pädagogik begreift sich als wissenschaftliche Lehre des Handelns in Erziehungsverhältnissen. Die wissenschaftliche Erfassung dieser Verhältnisse hat in den 70er Jahren oft nur sozialwissenschaftliche Modellvorstellungen hervorgebracht, die der Realität der Erziehung kaum entsprachen. Kreatives Schreiben in der Pädagogik kann sich aber auf eine lange Tradition von pädagogischen Poeten und poetischen Pädagogen beziehen. Rousseau, Pestalozzi, Makarenko, Siegfried Bernfeld und viele andere haben ihre pädagogischen Hauptwerke als Erzählungen gestaltet und die pädagogische Realität durch kreatives Schreiben erfaßt. Kreatives Schreiben erscheint als flexibles Medium, um die individualistischen Erziehungsverhältnisse und Probleme angemessen differenziert zu erfassen. Kreatives Schreiben über pädagogische Verhältnisse kann außerdem dem Studenten die Hinführung zum Begreifen pädagogischen Handelns eröffnen. Kreatives Schreiben und kreative Schreibtechniken wie freie Assoziationen, Journal-Schreiben, Mind-Map usw. sollten deshalb zur Grundqualifikation jedes Pädagogen gehören. Im folgenden bieten wir in zwei Abschnitten kleinere Schreibspiele und größere Schreibprojekte, um jungen Pädagogen einen kreativen Zugang zu Ihrem Berufs- und Praxisfeld zu eröffnen.

4.8.1 Kleine pädagogische Schreibspiele

Lehrer
Erinnern Sie sich an Ihren ersten Lehrer, und beschreiben Sie ihn.

Schule
Zeichnen Sie eine Schule, legen Sie ihre Charakteristika fest, und fassen Sie diese Charakteristika in einigen Sätzen zusammen.

Schüler
Erinnern Sie sich an einen typischen Schultag. Listen Sie alle negativen und alle positiven Gefühle dieses Tages auf. Beschreiben Sie dann den Tageslauf eines Schülers.

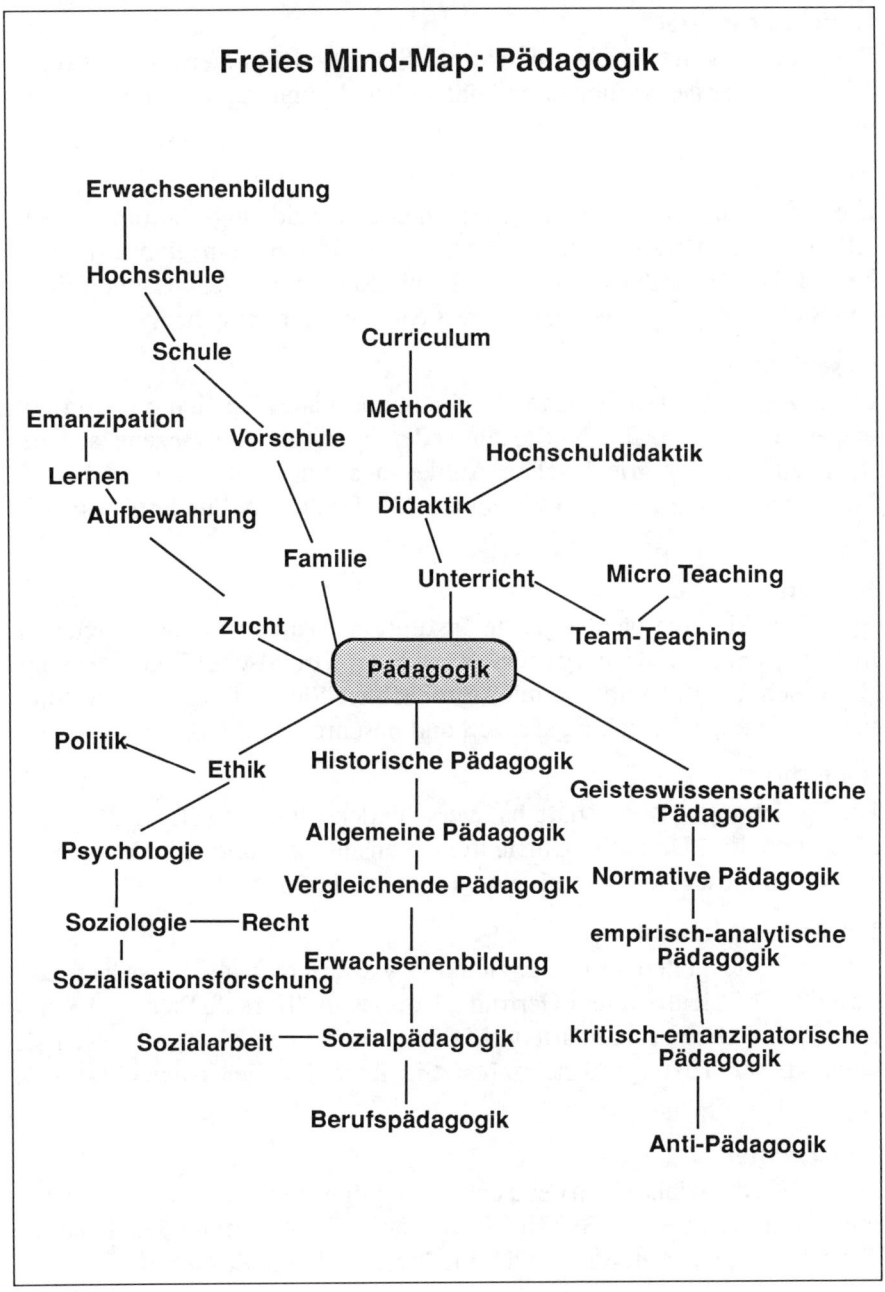

Freies Mind-Map: Pädagogik

Erziehungsmittel

Erziehung arbeitet mit Lohn und Strafe. Schreiben Sie einen automatischen Text erst über Bestrafungen und dann über Belohnungen im Erziehungsprozeß.

Ziele

Die Erziehungswissenschaft hat verschiedene Erziehungsziele aufgestellt, z.B. allseitige Persönlichkeit, emanzipiertes Individuum, liebes- und arbeitsfähiger Mensch usw. Wählen Sie ein Erziehungsziel aus, und schreiben Sie in einigen Sätzen nieder, was Sie darunter verstehen.

Geschichte

Die Erziehung hat eine lange Geschichte. Machen Sie sich ein Bild von dieser Geschichte, indem Sie entweder eine Erziehungsszene aus der Steinzeit, aus der griechischen Antike, aus einer Fabrikschule des 19. Jahrhunderts oder aus einer Gesamtschule des 20. Jahrhunderts beschreiben.

Besuche

Besuchen Sie eine pädagogische Institution. Wählen Sie aus folgenden Institutionen aus: Kindergarten, Vorschule, Grundschule, Gymnasium, Berufsschule, Volkshochschule. Beobachten Sie in Ihrer ausgewählten Institution einen Erziehungsprozeß und beschreiben Sie ihn.

Begriffe

Die Erziehungswissenschaft hat verschiedene Fachbegriffe entwickelt, z.B. Methodik, Didaktik, Curriculum, Zensur, Leistung usw. Versuchen Sie, einen dieser Begriffe mit einem Satz zu definieren.

Klassische Literatur

Einige Texte gelten in der Erziehungswissenschaft als Klassiker, z.B. Pestalozzis "Lienhard und Gertrud", Rousseaus "Emile", Siegfried Bernfelds "Kinderheim Baumgarten", Makarenkos "Weg ins Leben". Lesen Sie einen dieser Texte, und schreiben Sie über den gelesenen Text eine Zusammenfassung.

Zeitschriften

Stellen Sie die wichtigsten deutschen pädagogischen Zeitschriften zusammen, und beschreiben Sie sie. Entwickeln Sie Vermutungen über die Zielgruppen, die Autoren und die Funktionen dieser Zeitschriften.

Bibliothek

Besuchen Sie eine pädagogische Fachbibliothek in einer Schule, einem Universitätsinstitut oder in einer großen Volksbücherei. Prüfen Sie die Systematik der Aufstellung der pädagogischen Bücher anhand der Bibliothekskataloge. Stellen Sie dann die unterschiedliche Systematik in der Aufstellung der Bücher in den verschiedenen Bibliotheken fest und begründen Sie sie.

Bilder

Legen Sie aus einer illustrierten Erziehungsgeschichte Erziehungsszenen aus unterschiedlichen Epochen, Institutionen oder Schichten vor. Lassen Sie ein Bild auswählen und den Erziehungsvorganng nach Zielen, nach Inhalten und Methoden analysieren.

Filme

Lassen Sie eine Liste mit den wichtigsten Kino-Filmen zusammenstellen, die die pädagogische Praxis zeigen, z.B."Club der toten Dichter", "Family-Life" usw. Jeder Seminarteilnehmer soll dann über einen Film eine Filmbesprechung anfertigen.

Interview

Jeder Teilnehmer nimmt Kontakt mit einem Vertreter der jüngeren, mittleren oder älteren Hauptschullehrergeneration auf. Er führt mit ihm ein Interview über seine Erziehungsziele, Erziehungsmethoden, über die Lernprozesse seiner Schüler, über die Bedeutung seines Berufes. Aus dem Interviewmaterial wird dann eine Skizze des interviewten Pädagogen erarbeitet . Verschiedene Skizzen können dann verglichen werden.

Grundlagenwissen

Die Erziehungswissenschaft wird oft als Praxis auf der Basis von Psychologie, Ethik und Soziologie bezeichnet. Definieren Sie die Bedeutung einer dieser Wissenschaften für die Pädagogik.

Tiefenpsychologie

Es gibt Pädagogiken, die auf einer Tiefenpsychologie aufbauen, z.B. Gestaltpädagogik, psychoanalytische Pädagogik oder Psychodramapädagogik. Entwickeln Sie eine kleine Szene, in der ein Student mit einem Vertreter einer tiefenpsychologischen Pädagogik zusammentrifft und ihn nach den spezifischen Inhalten und Arbeitsweisen der tiefenpsychologischen Pädagogik befragt.

Zitate

Legen Sie Zitate über "Erziehung" von großen Pädagogen vor, und lassen Sie sie in einem Satz interpretieren.

Portraits

Verteilen Sie die Portraits bekannter Pädagogen, und lassen Sie je eine Portraitskizze anfertigen.

Museen

Entwickeln Sie einen Plan für ein pädagogisches Museum. Legen Sie dafür die Ausstellungsgegenstände und den Aufriß der Ausstellung fest.

Erstes Buch

Sie wollen ein pädagogisches Fachbuch schreiben. Entwickeln Sie einen Titel und eine Gliederung. Beschreiben Sie, wie Sie das Buch schreiben werden.

Skizze

Gehen Sie in den Kiez, beobachten Sie auf der Straße einen Erziehungsprozeß und beschreiben Sie ihn. Die Teilnehmer können (wenn vorhanden) auch eine Sofortbildkamera benutzen und die von einem Erziehungsprozeß geschossenen Bilder beschreiben.

Brief

Stellen Sie einige große Pädagogen vor. Die Teilnehmer sollten dann einen Brief an einen dieser Pädagogen schreiben und sich über "Erziehung" beklagen.

Gedichte

Jeder Teilnehmer soll aus der Literaturgeschichte ein Gedicht über "Erziehung" heraussuchen und dann ein Antwortgedicht schreiben.

Techniken

Setzen Sie alle kreativen Schreibmethoden ein(freie Assoziation, Clustern, Mind-Mapping, Rapid-Writing usw.) und lassen Sie über den Begriff "Emanzipation" schreiben.

Guter/schlechter Schüler

Entwerfen Sie die Person eines guten und eines schlechten Schülers (Alter, Name, Schule, Elternhaus). Erfinden Sie dann eine Geschichte, in der beide Schüler vorkommen.

Zukunft
Entwickeln Sie eine optimistische, eine pessimistische oder eine realistische Utopie von Erziehungsverhältnissen im Jahr 2050.

Innerer Monolog
Stellen Sie sich eine Unterrichtsstunde vor, und schreiben Sie dann den inneren Monolog auf, der während fünf Minuten dieser Stunde in Ihnen abgelaufen sein könnte. Auch als Seminarleiter können Sie diesen inneren Monolog, von Ihrer Anleiterfunktion her, gestalten.

Dialoge
Erfinden Sie einen pädagogischen Dialog zwischen einem Lehrer und einem Schüler. Wählen Sie dabei entweder einen autoritären, einen demokratischen oder einen liberalen Dialogstil. Wenn diese Dialoge vorliegen, sollten Sie den Versuch machen, sie im Rollenspiel umzusetzen.

Minidrama
Ein Minidrama ist kürzer als eine Szene und umfaßt doch alle Charakteristika einer Tragödie: Eingangssituation, Klimax, Fall. Erfinden Sie eine Schultragödie und fassen Sie sie in einem Minidrama von einer Text-Seite zusammen. Anschließend können Sie dann mit den Seminarteilnehmern das Drama aufführen.

Rollenspiel
Definieren Sie die wichtigsten pädagogischen Rollen und spielen Sie sie. Vielleicht bilden Sie drei Untergruppen, die dann jeweils in Konkurrenz ihre pädagogischen Rollen vorstellen.

Memoiren
Versetzen Sie sich in die Rolle eines pensionierten Lehrers, einer pensionierten Lehrerin, und schreiben Sie Ihren individuellen, beruflichen Lebenslauf in zehn Sätzen.

4.8.2 Größere pädagogische Schreibprojekte

4.8.2.1 Pädagogische Autobiographie als Kind

Die Prägungen der Kindheit haben einen entscheidenden Einfluß auf das spätere Leben. In jedem Pädagogen steckt noch das Kind, das er am Anfang seines Lebens war und das er entdecken muß, wenn er Kinder und die kindliche Entwicklung verstehen will. Wenn ihm das Kind in ihm selbst fremd bleibt, bleiben ihm auch die Schulkinder fremd. Der Zugang zu den kindlichen Erziehungserfahrungen wird durch Deckerinnerungen, Widerstände und Gefühle behindert. Autobiographisches Schreiben über die Kindheit erfordert deshalb kreative Schreibmethoden, die die Über-Ich Kontrolle unterlaufen: assoziatives Schreiben, Cluster, Mind-Mapping, Rapid-writing usw. Wir wollen im folgenden fünf Schwerpunkte der pädagogischen Autobiographie vorstellen, die am besten in einer Gruppe erarbeitet, vorgelesen und kommentiert werden sollten. Dabei ist stets auf ein produktives Feed-back nach der Vorlesung von Texten zu achten. Dieses Feed-back sollte in jedem Falle folgende Charakteristika besitzen: Nicht urteilen, nicht beschämen, sondern stützen, stärken (B. SELLING: Writing from Within. Claremont 1990, S. 82-88).

Die ersten Erinnerungen

Versetzen Sie sich in die Kindheit zurück, beginnen Sie kreativ zu schreiben über:

- die früheste glückliche Erinnerung
- die erste Erfahrung mit einer Geburt in der Familie
- die erste Erfahrung mit der Schule
- die erste Erfahrung der Einsamkeit, als Vater und Mutter nicht da waren
- das erste Spiel
- das erste Essen, das so gut schmeckte.

Wählen Sie aus diesen Vorschlägen eine Erinnerung, die Ihr besonderes Interesse erregt. Schreiben Sie diese Erinnerung in der ersten Person singular, im Präsens und in einem kindlich Ton (vgl. B. BALLENGER, B. LANE: Discovering the Writer Within. Cincinati 1989, S. 33).
Bedenken Sie: "Der Text sollte einfache Worte benutzen, kurze Sätze und sehr anschaulich sein" (B. SELLING, a.a.O., S. 18). Das Schreiben im Präsens " gibt dem Leser die schöne Erfahrung ganz mit der Gegenwart der kindlichen Ereignisse konfrontiert zu sein" (B. SELLING, a.a.O., S. 24).

Frühe lebendige Erinnerungen

Diese frühen lebendigen Erinnerungen sollten nicht verwechselt werden mit den ersten Erinnerungen, die oft nur Fragmente sind und wie archäologische Relikte aus archaischen Zeiten erscheinen. Nun suchen wir nach solchen frühen Erinnerungen, die Kraft haben, und die starke und klare Bilder beinhalten. Wir schreiben also über:

146

- mein erstes Abenteuer
- meinen ersten Erfolg in der Schule
- mein bester Freund in der Schule
- meine ersten Schwierigkeiten mit dem Leben.

Auch hier können Sie ein Thema auswählen. Schreiben Sie alles nieder, was Sie imaginierend sehen. "Stoppen sie nicht, wenn die Textteile nicht so zusammenpassen. Stoppen sie nicht, wenn das Schreiben sie traurig macht. Wenn sie traurig werden und Ihnen Tränen in die Augen treten, schreiben sie einfach weiter" (vgl. B. SELLING, a.a.O., S. 31). Beim Vorlesen in der Schreibgruppe werden gerade diese Texte eine gute Möglichkeit bieten, sich untereinander viel besser kennenzulernen.

Wichtige Bezugspersonen

Die pädagogische Frühautobiographie wird durch die Bezugsperson bestimmt (M.J. DICKERSON: On Writing Autobiography. In: Journal of Advanced Composition. (1989) 1/2, S. 135-150). Versuchen Sie genau den Charakter dieser Personen zu treffen. Suchen Sie nach Worten, mit denen Sie den Charakter dieser Person gut ausdrücken können. Achten Sie darauf, daß ein Charakter immer mehrere Qualitäten hat, die sich oft widersprechen. Wählen Sie nun unter folgenden Charakteren aus:

- die Eltern,
- die Großeltern,
- die Geschwister,
- das "schwarze Schaf" in der Familie,
- die erste Kinderschwester,
- Kindergärtnerinnen,
- Lehrerinnen bzw. Lehrer (J. GOULD, a.a.O., S. 69-74).

Nach der Lesung der entstandenen Texte kann man sehr gut über Erziehungsstile, Erziehungsziele und ihre Wirkungen auf die kindliche Entwicklung sprechen.

Lob und Strafe in der Kindheit

Die frühen prägenden Ereignisse werden meist zusammen mit Orten erinnert. Lassen Sie nun die frühen Plätze Ihrer Kindheit im entspannten Zustand vor Ihrem geistigen Auge entstehen (vgl. B. BALLENGER, B. LANE, a.a.O., S. 9ff, 14ff).

Wählen Sie eines der folgenden Themen aus:

- ein Platz, wo ich etwas verbotenes getan habe
- ein Platz, wo ich etwas lernte, was ich nicht vergessen werde
- ein Platz, wo ich etwas sagte, was mein Leben veränderte
- ein Platz, wo ich eine Strafe erhielt, die ich nicht vergessen kann.

Nach der Lesung der entstandenen Text wird die Wirkung von Lob und Strafe in der Kindheit deutlich sichtbar werden.

Frühe Gefühle

Das Kind, das wir früher waren, ist meist gegenwärtig in Emotionen, die an frühe Erfahrungen gekettet sind. Diese Gefühle sind:

- Einsamkeit, wenn die Eltern fort waren
- Stolz, wenn einem etwas Tolles gelang
- Traurigkeit beim Verlust einer geliebten Person
- Frustration, wenn etwas wieder und wieder nicht gelingen wollte
- Glück, wenn ein langer Kampf endlich ein gutes Ende fand.

Suchen Sie sich eines dieser Gefühle aus und beschreiben Sie die Umstände, unter denen sich diese Gefühle entwickelt hatten. Wenn Sie schon eigene Kinder haben, werden Sie mit Ihren eigenen früheren Gefühlen konfrontiert, wenn Sie über die Gefühle schreiben, die Sie gegenüber Ihren eigenen Kindern entwickeln. Wenn Sie über Ihre eigenen Kinder schreiben, werden Sie erleben, daß Ihre Kindheitsgefühle auch in Ihrem Verhältnis zu Ihren Kindern wieder eine Rolle spielen. Über die eigenen Kinder sollte man aber nur schreiben, wenn die eigenen Kindheitsgefühle genügend bearbeitet sind. Es kann Ihnen sonst passieren, daß Sie Ihre eigenen fremden Kindheitsgefühle in der Gestalt der Gefühle wieder erleben, die Sie auf Ihre Kinder projezieren. Das kann für den Unerfahrenen sehr verwirrend sein (vgl. B. SELLING, a.a.O., S. 125-137).

Nach der Abfassung dieser Texte wird die Schreibgruppe erleben, wie unvergangen kindliche Gefühle sind und welche große Bedeutung sie für die Fremderziehung und für die Selbsterziehung des Pädagogen haben.

4.8.2.2 Pädagogische Biographien

Pädagogische Kenntnisse können sich erheblich vertiefen, wenn die Studenten mit Hilfe der Technik der Oral-History-Forschung die pädagogischen Biographien anderer Menschen, von pädagogischen Institutionen oder Projekten systematisch empirisch erforschen und schriftlich dokumentieren. Pädagogische Biographien zu erheben, auf Tonband aufzuzeichnen und in einen narrativen Text umzuwandeln, erfordert einen geeignete Informanten und einen entsprechenden Fragebogen. Folgender Fragebogen könnte eingesetzt werden:

Fragebogen zur pädagogischen Biographie

① Was ist Ihre früheste Erinnerung?
② Beschreiben Sie Ihre Bezugsperson.
③ Welche Erziehungsmaßnahmen haben Sie besonders beeindruckt?
④ Wie erlebten Sie die Schule?
⑤ Wie war Ihr Verhältnis zu den Lehrern?
⑥ Wie standen Sie zu Ihren späteren Chefs?
⑦ Wie ist Ihr Verhältnis zu Ihren Kindern?
⑧ Wer war die wichtigste pädagogische Person in Ihrem Leben?
⑨ Welcher Lehrer hat Ihnen für Ihr Leben das meiste mitgegeben?
⑩ Was hat sich in Ihrem Verhältnis zu Ihren Eltern im Vergleich zu Ihrem Verhältnis zu Ihren Kindern entscheidend geändert?

(vgl. B. SELLING, a.a.O., S. 150ff)

Wenn einem die Arbeit mit einem Tonband zu aufwendig erscheint, läßt sich ein abgekürztes Verfahren der Arbeit mit einem Fragebogen entwickkeln. Dabei kommt es darauf an, die Antworten der Befragten auf die vorgegebenen Fragen während des Interviews kurz zu notieren und nach dem Interview ausführlicher zu verschriftlichen. Wenn Sie in dieser Art arbeiten, können Sie auch auf den Einsatz eines Tonbandes verzichten. Der Fragebogen und die narrative Vertextung der Ergebnisse können in verschiedenen Kontexten eingesetzt werden (vgl. C. S. BROWN: Like It Was. A Complete Guide to Writing Oral-History. New York 1988, S. 94ff). Wir wollen einige dieser Kontexte schildern:

Großelterngeschichten
Um den historischen Wandel von Erziehungsstilen zu erfassen, ist die Befragung von Großeltern wichtig.

Lehrerbiographien

Heute leben noch vier Generationen von Lehrern: Die Kriegslehrer, die Wirtschaftswunderlehrer, die alten 68er, die neuen Lehrer nach der Wende. Die Unterschiede in den pädagogischen Orientierungen verschiedener Lehrergenerationen können durch eine Befragung als Generationsunterschiede gut erfaßt werden.

Interkulturelle Pädagogik

In der Bundesrepublik leben viele Erwachsene, die ihre frühe Erziehung in anderen Ländern (z.B. in der Dritten Welt) erlebt haben. Ihre ausgewählte Befragung könnte interkulturelle Differenzen der pädagogischen Biographien ermitteln.

Geschlechtsspezifische Pädagogik

Männliche und weibliche Erziehungsgeschichten sprechen unterschiedliche Sprachen, wenn man Sie zu Wort kommen läßt. Das Seminar könnte hier z.B. versuchen, fünf weibliche Biographien mit fünf männlichen Biographien zu konfrontieren, um geschlechtsspezifische Unterschiede im pädagogischen Erleben herauszuarbeiten (vgl. C. S. BROWN; a.a.O., S. 95).

Schulgeschichte

Bei der narrativen Erhebung der Geschichte einer Schule ist unser Fragebogen umzuformulieren. Die Klärung des Lehrer-Schüler-Verhältnisses in den verschiedenen Zeitepochen seit der Schulgründung könnte im Mittelpunkt dieses kleinen Oral-History-Projektes stehen.

Abweicher

Oft scheitert die offizielle Pädagogik und hilft mit, daß Menschen zu Außenseitern, zu Kriminellen, Drogenabhängigen oder Stadtstreichern werden. Durch narrative Interviews mit ausgewählten Personen aus diesen Randgruppen sind die pädagogischen Fehler unseres Erziehungssystems biographisch zu erhellen.

4.8.2.3 Schreiben in Familien

Mit Recht beklagt die Familienerziehung ihre Grenzen. Das Private schützt sich vor dem Eingriff von außerhalb. Die Familienprobleme eskalieren im Verborgenen. Hilfe kommt meistens zu spät. Das folgende Projekt kann vorsorgen. Wenn sich eine pädagogische Projektgruppe gebildet hat, die mit aufgeschlossenen Familien kooperiert, dann können in diesen Familien

Schreibspiele angeregt und periodisch auf "Familienkonferenzen" ausge-
wertet werden. Bei diesen Konferenzen kann auch jeweils ein
Pädagogenteam anwesend sein, um der Familie Hilfestellungen zu geben.
Für ein derartiges Schreiben in Familien gibt es folgende Schreibspiele:

Familienjournale

Es wird ein Familienjournal eingerichtet, in das jede Woche jedes Famili-
enmitglied alle Dinge hineinschreibt, die es bewegt: Beobachtung - Gefühle - Gedanken - Gelesenes - Hoffnungen - Ängste - Beschwerden. Alle
zwei Wochen werden diese Eintragungen auf der entsprechenden Konfe-
renz verlesen und diskutiert (P.R. STILLMAN: Families Writing. Cincinatti
1989, S. 19-39)

Briefe

Die Familienmitglieder sollten beginnen, sich untereinander Briefe zu
schreiben. Anlässe gibt es genug: Vor einer Trennung, nach einer Heim-
kehr, während einer Krise, zum Zweck der Stärkung der Zuneigung usw.

Worte als Geschenke

Die älteren Familienmitglieder schreiben Teile ihrer Autobiographie und
lesen sie dann anderen Familienmitgliedern zu bestimmten Anlässen vor.
Zu Geburtstagen und Familienfeiern werden kleine Gedichte vorgelesen.
Unregelmäßig könnte auch eine kleine Familienzeitung produziert werden
(P.R. STILLMAN, a.a.O. S. 57-58).

Familiengeschichten

Zur Familientradition gibt es viele Geschichten, die es wert sind aufge-
schrieben und vorgelesen zu werden: Die Weltreise der Tante Hanna, der
Tod des älteren Bruders vor Moskau, als die Schwester ihr erstes Thea-
terstück aufführte, Hamsterfahrten mit der Tante Friedel, als Onkel Otto
über Nacht blieb, als der Vater aus dem Krieg kam usw.

Familiengedichte

Im Reih-um-Verfahren kann die ganze Familie Gedichte schreiben. Es
wird die Gedichtzeile eines Dichters vorgegeben, und jeder Teilnehmer
erweitert diese Zeile um eine eigene Zeile. Bei zwei bis drei Umläufen
können Gedichte mit acht bis sechzehn Zeilen entstehen. Die Familie kann
sich aber auch in Haikus, Limericks und konkreter Poesie versuchen (P.R.
STILLMAN, a.a.O., S. 16-147).

Familienstammbaum

Um die intergenerativen Beziehungen der Familienmitglieder abzuklären, ist die Erstellung eines umfassenden Familienstammbaums möglich. Zu jeder Person des Familienstammbaums sollten einige psychologische Charakteristika hinzugeschrieben werden. Diese Charakteristika können gewisse Aufklärung über bestimmte intergenerative psychische Belastungen in den Familien eröffnen. Die Arbeit mit diesem Familienstammbaum sollte aber auf jeden Fall unter Beteiligung des Pädagogenteams erfolgen. **Aufgabe:** Entwerfen Sie hier auf der freien Seite ihren eigenen Familienstammbaum. Fühlen Sie ihn durch. Schreiben Sie dann einen kleinen Text über Ihre Familiengefühle.

Familienstammbaum

»Was mich glücklich macht, ist das
Neuformulieren« (L. Goodman)

5 Modell einer interdisziplinären Schreibwerkstatt

Produktive Wissenschaft ist in der wissenschaftlich-technischen-Gesellschaft meist ein Produkt interdisziplinärer Forschung. Erst die Vereinigung wissenschaftlicher Kenntnisse aus verschiedenen Wissenschaften wird der Komplexität moderner Lebensprobleme gerecht. Eine besondere Schwierigkeit interdisziplinärer Arbeit ist die Verständigung zwischen verschiedenen Wissenschaftssprachen, Forschungsmethoden und Wissensbeständen. Diese Schwierigkeit äußert sich besonders im Schreibprozeß, in dem die Resultate interdisziplinärer Arbeit dargestellt werden sollen. Meist werden die interdisziplinären Forschungsresultate nur nebeneinander gestellt, aber nicht integriert. Für eine bessere Integration interdisziplinärer Forschung kann eine **interdisziplinäre Schreibwerkstatt** sorgen. Sie hat ihren experimentellen Platz im Grundstudium der Hochschulfächer. Sie kann aber auch ein integrativer Baustein interdisziplinärer Forschungsprojekte außerhalb der Hochschulen, in Industrie und Verwaltung sein.
Die Einrichtung mono- und interdisziplinärer Schreibwerkstätten bricht mit der vorherrschenden Praxis individuellen und isolierten Schreibens. Da, wo das individuelle Schreiben die Gefühle von Isolation und Angst vor dem Scheitern verbreitet, setzt die kollektiv arbeitende Schreibwerkstatt Solidarität und Unterstützung durch die anderen Teilnehmer. Da, wo das individuelle Schreiben von der Unsicherheit begleitet wird, wie effektiv oder ineffektiv das eigene Schreiben ist, setzt die Schreibwerkstatt das ständige Feed-back über den Sinn des eigenen Schreibens.
Jede interdisziplinäre Schreibwerkstatt kann 8 - 12 Personen, für zwei Stunden einmal oder mehrmals die Woche umfassen. Die Arbeit der Werkstatt gliedert sich in vier Phasen:

1) Schreibstimulus
2) Schreibarbeit
3) Text - Revision
4) Text vorlesen und Diskussion

Jede interdisziplinäre Schreibwerkstatt umfaßt Vertreter unterschiedlicher wissenschaftlicher Disziplinen. In der Hochschule und im Forschungsprojekt treffen sich unterschiedliche Fachvertreter. Sie alle bindet das Interesse an einer wissenschaftlichen Problemstellung, die sie von unterschiedlichen Wissenschaften her interdisziplinär bearbeiten wollen (vgl. E. LINDEMANN: Bibliography of Composition and Rhetoric a.a.O., S. 135-147. Da könnte es z.B. eine Schreibwerkstatt zum Problem der Luftverschmutzung geben, bei der zu diesem Thema Soziologen, Psychologen, Mathematiker, Geographen, Biologen, Physiker, Germanisten und Politologen zusammenarbeiten, um schreibend den Problemen der Luftverschmutzung auf den Grund zu kommen.

Im folgenden wollen wir einige Übungen für interdisziplinäre Schreibwerkstätten vorstellen.

5.1 Interdisziplinäre Schreibspiele

Brainstorming

Jede Sitzung, die Brainstorming praktiziert, besteht aus zwei Phasen. Einmal Produktion und Sammlung von freien Einfällen am Flip-Chart zum Thema, zum zweiten Vertextung der Einfälle (zu weiteren Varianten des Brainstorming vgl. L.v. WERDER: Lehrbuch des kreativen Schreibens, a.a.O., S. 70-72).

Synectics

Es wird ein wissenschaftliches Problem benannt, und jeder Teilnehmer versucht das Problem in der Denkweise und Sprachweise seiner Wissenschaft zu formulieren. Das Problem erscheint je nach teilnehmenden Wissenschaftlern dann z.B. als soziologisches, psychologisches, biologisches, ökonomisches oder mathematisches Problem. Lesen Sie die Texte vor, und lassen sie prüfen, welche Möglichkeiten eines gemeinsamen Textes es gibt.

Kreative Schreibtechniken

Freie Assoziation, Mind-Mapping, schnelles Schreiben usw. sollten von allen Teilnehmern aus ihrer wissenschaftlichen Perspektive zur Erstellung kleiner Texte für ein ausgewähltes Problem genutzt werden.

Interdisziplinäres Mind-Map

Ein interdisziplinäres Mind-Map, auf eine große Schreibfläche geschrieben, sollte von einem interdisziplinären Team nach Fachrichtungen strukturiert werden, um dann nach diesem Map einen interdisziplinären Text zu schreiben. Dazu ein Beispiel:

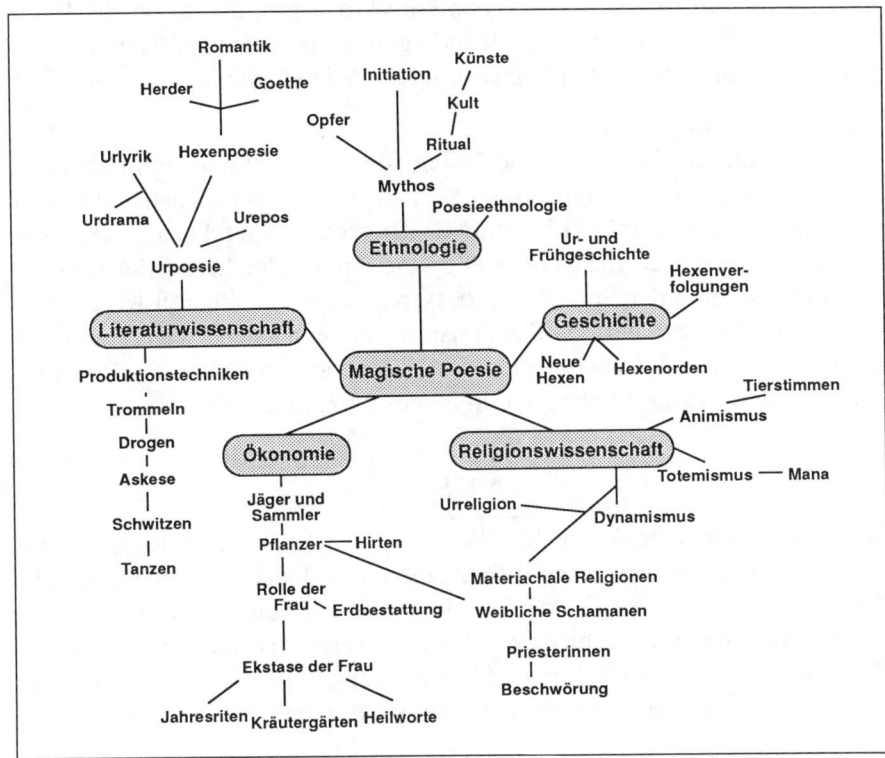

Aufgabe: Ein interdisziplinäres Team soll nach diesem Mind-Map einen kleinen Text über magische Poesie schreiben.

Erst ein Satz

Jeder Teilnehmer beginnt einen interdisziplinären Essay mit einem Satz. Geben Sie diesen Satz weiter. Der nächste schreibt einen zweiten Satz. So entstehen bei zehn Teilnehmern zehn Texte, die jeweils zehn Sätze umfassen. Jeder Teilnehmer sollte dann den Text überarbeiten, der durch seinen ersten Satz ins Leben gerufen wurde (A.P. MARTINICH: Philosophical Writing. Englewood Cliffs 1989, S. 45-47).

Fußnoten verteilen

Um nicht an der Masse der schon erarbeiteten wissenschaftlichen Erkenntnisse zu scheitern, ist es wichtig, sich an folgende Regeln zu halten: "Erst schreiben, dann Fußnoten mit den Erkenntnissen anderer einbauen oder berücksichtigen." (A.P. Martinich, a.a.O., S. 50). Die Berücksichtigung interdisziplinärer Forschungsergebnisse wird gesteigert, wenn Sie Ihren Rohtext in die interdisziplinäre Runde geben und jeder von seiner Fachperspektive aus Fußnoten in den vorgelegten Text einbaut.

Geheimsprachen

In einer interdisziplinären Runde, in der jeder eine fachliche Fremdsprache spricht, wirkt es sehr spannend, wenn man sich mit der Konstruktion von Geheimsprachen befaßt. Einfache Chiffrierungs- und Dechiffrierungstechniken können das Konventionelle jeder Sprache leicht erhellen und den Machtanspruch jeder Sprache zu besseren interdisziplinären Kommunikation relativieren helfen. Geheimsprachen entstehen, wenn man die bestehende Sprache nach festen Regeln verändert. Nun ein Beispiel: Vertauschen Sie die Buchstaben in einem Satz, indem Sie

| M L O F H |
| A E S I U |

umtauschen und umgekehrt. Aus: Was ich ... wird nach dieser Regel "Wmo Fcu ...". **Aufgabe:** Die Gruppe erhält einen Satz. Jeder erfindet eine eigene Chiffrierungsregel, formt den Satz um, und alle anderen werden augefordert die jeweilige Dechiffrierungsregel zu erraten (vgl. P. Sears: Secret Writing. Keys to the Mysteries of Reading and Writing. New York 1986, S. 7ff., Gardner, M.: Das verhexte Alphabet. Berlin 1981, S. 10ff.))

Journale führen

Jedes Mitglied der interdisziplinären Schreibwerkstatt führt ein Journal und stellt seine Journaleintragungen periodisch zur Diskussion.

5.2 Interdisziplinärer Schreibprozeß

Start

Die Teilnehmer stellen die Probleme dar, die Sie am Beginn der Abfassung ihres letzten wissenschaftlichen Textes hatten. Sie berichten dabei über Rituale des Anfangs, über ihre Schreibgeheimnisse und ihre Hauptprobleme als Schreiber.

Schreibideen entwickeln

Die Teilnehmer benutzen kreative Schreibtechniken, um ihr gemeinsames Thema tiefer zu erforschen. Sie teilen ihre Resultate mit, tauschen ihre Schreiberfahrung aus. Sie teilen nun ihre Erfolge und ihr Scheitern. Der Wert unterschiedlicher Techniken des kreativen Schreibens wird vorgestellt und diskutiert. Es entstehen Gliederung und Rohentwürfe zum Thema, die auch Anlaß zu einem weitergehenden Diskussionsprozeß werden.

Schreiben

Die Teilnehmer stellen ihre laufenden Schreiberfahrungen zur Diskussion. Sie stellen sich dabei folgende Fragen:

- Wie fühle ich mich während des Schreibens?
- Welche Erfolge und Niederlagen erlebe ich beim Schreiben?
- Wie weit gelingt die interdisziplinäre Vermittlung der Inhalte?
- Welche Strategien werden benutzt, um Erkenntnisse aus fremden Fächern in den eigenen Text zu integrieren?
- Welche Pläne zur Verbesserung der interdisziplinären Arbeit entstehen?

Textrevision

Die Teilnehmer können durch das Vorlesen ihrer Texte (von Textteilen) eine interdisziplinäre Revision ihrer Texte erreichen, dabei werden sie folgende Bearbeitungsaspekte bei jedem Text ansprechen:

- Reaktion und Rezeption des Textes durch andere wissenschaftliche Positionen in der Schreibwerkstatt
- Die Klärung der Klarheit von Einleitung, Hauptteil und Schluß der vorgelegten Texte
- Die Überprüfung der Verständlichkeit der Sprache des vorgelegten Textes für ein interdisziplinäres Publikum
- Die Prüfung der Logik des Aufbaus des vorgelegten Textes

(Alle Aufgaben zum kollektiven Schreiben der interdisziplinären Schreibwerkstatt aus R.C. GEBHARDT, D. RODRIGUES: Writing. Processes and
Intention. Lexington 1989, S. 38f, 58f, 92, 118ff).

5.3 Forschen und Schreiben

Persönliche Erfahrung

In jede Forschung gehen persönliche Interessen und persönliche Erfahrungen ein. In der Theorie des Forschungsprozesses von K.R. POPPER:
Logik der Forschung. Tübingen 1966, werden diese persönliche Vorer-
fahrungen aus dem Forschungsprozeß ausgeschlossen. Wie J. HABERMAS:
in "Erkenntnis und Interesse". Frankfurt 1968 herausgearbeitet hat, sind aber
diese persönlichen Interessen oft prägend für den Forschungsprozeß. Mit
kreativen Schreibmethoden sollen deshalb Texte entstehen, über die vorwissenschaftlichen Erstentscheidungen, die der eigenen Forschung zugrunde liegen. Diesen Erstentscheidungen nähert man sich an, wenn man
sich auf die der eigenen Forschung zugrunde liegenden **Berufsfeldent-
scheidungen** und auf die eigenen **weltanschaulichen Grundentschei-
dungen** bezieht. **Aufgabe:** Aus zehn mit Hilfe des Brainstorming gewonnenen Stichworten zu diesen beiden Problemkreisen soll das wichtigste
Stichwort ausgewählt werden. Mit dem Einsatz einer kreativen Schreibmethode wird ein kleiner grundlegender Text zu dem gewählten Stichwort
entstehen.

Paradigma

Thomas Kuhn hat in seinem Essay "Die Struktur wissenschaftlicher
Revolutionen", Frankfurt 1973, das Paradigma als das, das Handeln von
Wissenschaftlern anleitende Deutungssystem bestimmt, das signifikante
Fakten festlegt, eine gegenseitige Anpassung von Fakten und Theorien
vollzieht und die Theorie selber präzisiert (vgl. T. KUHN a.a.O., S. 44 - 57).
Damit sich in der interdisziplinären Schreibwerkstatt die verschiedenen
Forschungsintentionen besser verständigen können, ist jedes Mitglied
aufgefordert, das Grundparadigma seiner Forschung in fünf Thesen nieder-
zulegen. Diese Thesen werden dann interdisziplinär diskutiert.

Forschungsplanungen

Die wichtigsten Forschungsplanungen der beteiligten Wissenschaftler
werden mit einem Stichwort auf einzelne Zettel geschrieben. Die Zettel

werden verlost und jeder beschreibt die Forschungsplanung einer anderen Wissenschaft, die er sich erlost hat. Die Ergebnisse werden vorgestellt und abgeklärt.

Lesen und Schreiben
Alle Teilnehmer erhalten den gleichen kürzeren wissenschaftlichen Text. Jeder schreibt eine Zusammenfassung. Dann werden die fachspezifischen Besonderheiten der Zusammenfassung verglichen und ausgewertet.

Argumentation verbessern
Die Forschungsresultate zu einem Problem, das in der Schreibwerkstatt behandelt worden ist, werden von einem Wissenschaftler vorgestellt. Dann werden aus der Sicht der anderen Wissenschaftler Argumente für und gegen die Resultate gesammelt und eine Bilanz gezogen.

5.4 Autobiographien von Wissenschaftlern

Jede wissenschaftliche Arbeit ist eng verknüpft mit der Biographie der Wissenschaftler. Damit in der interdisziplinären Schreibwerkstatt die biographischen Hintergründe der einzelnen wissenschaftlichen Positionen und Berufe besser erkannt und verstanden werden, sollte die Werkstatt autobiographisches Schreiben versuchen. Im Gegensatz zu den allgemeinen Anleitungen zum autobiographischen Schreiben sollen bei uns die Umrisse einer spezifischen Anleitung zum autobiographischen Schreiben von Wissenschaftlern vorgestellt werden (vgl. M.J. MOFFAT: The times of our Lifes. A guide to writing Autobiographies and Memoires. Santa Barabara 1989, L. DANIEL: How to write your own life-story. Chicago 1991, E. NICHOLS, A. LOWENKOPF: Lifelines. White-Hall 1989).
Wissenschaftler unterscheiden sich von anderen Autobiographen besonders durch ihren Beruf. In der Autobiographie von Wissenschaftlern stehen deshalb die Wurzeln des Berufs in Kindheit und Schule, die akademischen Erfahrungen, spirituelle Krisen, schöpferische Krankheiten, Grenzsituationen als Begleiterscheinungen des wissenschaftlichen Arbeitens und wissenschaftliche Erfolge und Niederlagen, wissenschaftliche Bilanzen im Zentrum des Interesses. Da viele Wissenschaftler erhebliche Sperren gegen autobiographische Selbstdarstellung haben, sollen zuerst in Ergänzung traditioneller kreativer Schreibtechniken einige spezifische autobiographische Schreibtechniken beschrieben werden, um eine Sammlung von Einfällen zur eigenen Biographie herzustellen.

Merke: Auf Wunsch können alle autobiographischen Texte in der Schreibwerkstatt anonym behandelt werden!

5.4.1 Autobiographische Schreibtechniken

Meditation

Wie im autogenen Training sollte die Entspannung benutzt werden, um auf Einfälle zur eigenen Kindheit und Schule aufmerksam zu werden. Die frühesten Erfahrungen im Umgang mit Wissenschaften sollten dabei aufgelistet werden (J. GOULD: The writer in all of us. New York 1989, S. 26-30). Dabei ist besonders auf Orte, sinnliche Eindrücke, Personen und Themen im Kontext von Wissenschaft zu achten.

Imaginäre Interviews

Die eigene wissenschaftliche Lerngeschichte wird durch die Auseinandersetzung mit Wissenschaftlern geprägt. Stellen Sie nun eine Liste der Lehrer, Hochschullehrer und Forscher zusammen, die Sie beeinflußt haben. Wählen Sie eine wichtige Person aus dieser Liste aus, imaginieren Sie ihre Gestalt und schreiben Sie dann ein imaginäres Interview mit dieser Person auf.

Video-Kamera spielen

Eine Videokamera gewinnt ein sehr genaues Bild der äußeren Realität. Stellen Sie sich vor, Sie sind eine solche Kamera. Sie befinden sich in der Wohnung eines für Sie wichtigen Wissenschaftlers. Sie zeichnen als Kamera ein detailgetreues Bild des Wissenschaftlers im privaten Bereich auf. Die Kameraaufzeichnung vollziehen Sie als Text im Präsenz (J. GOULD a.a.O. S. 54-57).

5.4.2 Autobiographische Schreibübungen

Berufung

Die Wahl einer wissenschaftlichen Laufbahn geht oft mit einer "spirituellen Krise" einher. Die Bekenntnisse des heiligen Augustinus, das Leben Arthur Schoppenhauers, Karl Jaspers, Ernst Blochs oder Martin Heideggers zeigen charakteristische Entwicklungspunkte, Entwicklungsphasen, an denen sich folgende Eindrücke massierten: "Neue Einsichten, die das alltägliche Leben unterbrechen. schnelle Veränderungen des Selbstverständnisses. Längere Ambivalenzen gegenüber neuen Perspektiven." (C.u.S. GROF: Die stürmische Suche nach dem Selbst. Praktische

Hilfen in spirituellen Krisen. München 1991 S. 59) Identifizieren Sie eine derartige Erfahrung in Ihrem früheren Leben. Schreiben Sie mit Hilfe des Clusters über die Berufung zum Wissenschaftler einen kurzen Text.

Schöpferische Krankheit

Die längere schwierige Arbeit bei der Lösung wissenschaftlicher Probleme kann öfters zu "schöpferischen Krankheiten" führen. Das Leben des Soziologen Max Webers, der Psychologen S. Freud, C.G. Jung oder G.T. Fechner zeigen z.B. Krankheiten dieser Art. Diese "schöpferische Krankheit" folgt auf eine Periode der intensiven Beschäftigung mit einer Idee und der Suche nach einer bestimmten Wahrheit. Sie ist ein polymorpher Zustand, der die Form einer Depression, einer Neurose, psychosomatischer Beschwerden oder sogar die Form der Psychose annehmen kann. Welche Symptome auch auftreten mögen, sie werden von dem Leidenden schmerzhaft, wenn nicht als Qual empfunden. Perioden der Besserung und der Verschlimmerung wechseln sich ab. Während der Dauer der Krankheit verliert der Leidende niemals seine beherrschende Idee. Sie läßt sich häufig mit normaler Berufstätigkeit und mit einem normalen Familienleben vereinbaren. Aber selbst wenn der Leidende seine sozialen Funktionen erfüllt, ist er faßt ausschließlich mit sich selbst beschäftigt. Er leidet an einem Gefühl äußerster Isolierung, selbst wenn er einen Mentor hat, der ihn durch die schwere Prüfung geleitet ... die Beendigung erfolgt rasch und ist gekennzeichnet durch eine Phase der Erheiterung. Der von dieser Krankheit Befallene geht aus seiner Probe mit einer bleibenden Persönlichkeitswandlung und der Überzeugung hervor, daß er eine große Wahrheit oder eine neue geistige Welt entdeckt hat." (H.F. ELLENBERGER: Die Entdeckung des Unbewußten. Bern 1973, Bd. 2, S. 611)
Identifizieren Sie eine "schöpferische Krankheit" in Ihrer fortgeschrittenen Wissenschaftlerkarriere. Stellen Sie mit Hilfe des "schnellen Schreibens" einen Text über diese Erfahrung und Ihre Auswirkungen auf Ihre Forschung und wissenschaftliche Arbeit her.

Grenzsituationen

Der Wert der Wissenschaft wird oft in Grenzsituationen überprüft und nach einer Phase des Zweifels neu errungen. Grenzsituationen werden verursacht, durch nahe - Todeserfahrungen, Leiden, Kampf oder Schuld (K. JASPERS: Philosophie. Heidelberg 1956, Bd. 2, S. 220-248). Meditieren Sie über die Erfahrung von Grenzsituationen in Ihrem Leben. Machen Sie ein Mind-Map als Einstieg in einen kleinen Text über Grenzsituationen.

Wissenschaftliches Pantheon
Jeder Wissenschaftler ist ein Zwerg, der auf den Schultern der Riesen steht, die das Paradigma geprägt haben, in dem man wissenschaftlich arbeitet. Stellen Sie sich Ihren "Riesen" vor, auf deren Schultern Sie stehen. Verfertigen Sie ein kleines schriftliches Portrait Ihres wichtigsten wissenschaftlichen "Riesen".

Wissenschaftlicher Nachruf
Die Summe eines wissenschaftlichen Lebens wird meist in Nachrufen gezogen. Stellen Sie sich Ihr wissenschaftliches Werk als vollendet vor und schreiben Sie für sich selbst einen Nachruf.

5.5 Literarische Formen in der interdisziplinären Schreibwerkstatt

Die in einer interdisziplinären Schreibwerkstatt verbleibenden Probleme der Unvereinbarkeit bestimmter wissenschaftlicher Positionen, Methoden und Resultate können zu einer schwer aufhebbaren Frustration der Teilnehmer führen. Um immer wieder neue Brücken zwischen Denk- und Verhaltensweisen bestimmter Wissenschaftler zu schlagen, eignen sich literarische Formen des Schreibens besonders gut. **Aufgabe:** Es wird deshalb zum Schluß vorgeschlagen, durchaus einmal das in der interdisziplinären Schreibwerkstatt aufgeworfene Problem als lyrisches Gedicht, als Dialog, als Kurzgeschichte oder als Science Fiction Story darzustellen.
Oft ermöglicht die literarische Form den Ausdruck dessen, was im wissenschaftlichen Diskurs keinen Platz hat. Gerade die literarischen Brückenschläge können zu einem wichtigen Ferment interdisziplinärer Forschung und Arbeit werden. Die Literatur und ihre Formen reichen nämlich in Bereiche weit vor die Entstehung der Wissenschaften zurück. Poesie verfügt über Metaphern und Artikulationsmöglichkeiten, die im Zuge der Rationalisierung des Weltbildes aus den Wissenschaften verdrängt worden sind. Ihre Wiedereinführung in den wissenschaftlichen Diskurs, d.h. die Erweiterung des wissenschaftlichen Diskurses um Aspekte des literarischen Diskurses, führt zu einer vertieften Kommunikation und Interaktion zwischen den Teilnehmern und zu einer Erweiterung der wissenschaftlichen Deutungsmuster um emotionelle und mythologische Hintergründe. Oft ist es gerade diese Erweiterung, die Interdisziplinarität möglich macht, weil sie die für alle Wissenschaftler gleichen Ursprünge menschlichen Denkens im Mythos anspricht.

»Es gibt keinen richtigen Weg. Jeder von uns hat seinen zu finden, den er gehen kann. Aber es gibt einen falschen Weg. Der falsche Weg ist, wenn man den Tag beendet, ohne mehr Worte auf dem Papier zu haben als am Beginn des Tages«
(ROBERT PARKER)

6 "Writing across the Curriculum":
Die Bewegung "Kreatives Schreiben in den Wissenschaften" in den USA

Die Idee, kreatives Schreiben in Mathematik, in Physik, in Chemie, im Managertraining oder in den Geisteswissenschaften zu verwenden, ist in den USA nicht mehr neu (vgl. C. H. KNOBLOCH, C. BRANNON: Writing as Learning Through the Curriculum. In: College-English 45, 3 (1983 S. 467ff)). Kreative Schreibworkshops sind in vielen Fakultäten amerikanischer Universitäten üblich und in wissenschaftlich Zeitschriften der Natur- und Sozialwissenschaften lassen sich häufig Artikel über das kreative Schreiben finden. Diese Bewegung existiert in den USA etwa seit zehn Jahren. Sie hat sich 1986 als nationale Organisation folgenden Titel gegeben: "National Network of Writing across the Curriculum Programs". Diese nationale Organisation veranstaltet jährlich einen nationalen Kongress.

Der heutige Umfang des "Writing across the Curriculum Movements" (im folgenden abgekürzt mit WAC) in den USA und Kanada ist beeindruckend (vgl. C. W. GRIFFEN: Programs for Writing across the Curriculum. In: College Composition and Comunication 36, 4 (1985) S. 403ff, C. THAISS: Writing to Learn. New York 1983, S. H. MCLEOD: Stringthening Programs for Writing across the Curriculum. New York 1988).

Bei einer Umfrage an 2735 Hochschulen und Universitäten in den USA und Kanada wurde 1989 festgestellt, daß 38% oder 418 Hochschulen in den USA und Kanada ein WAC-Programm haben (S. H. MCLEOD: Writing across the Curriculum: The second Stage and Beyond. In: College Composition und Comunication 40, 3 (1989), S. 338). Diese Anbieter von WAC-Programmen gliedern sich in zwei Gruppen:

42% = 182 beginnen gerade mit einem WAC-Programm,
56% = 235 führen schon seit drei Jahren und länger ein WAC-Programm durch.

Viele WAC-Programme begannen mit einem "Workshop einer Fakultät, die oft von einem auswärtigen Experten geleitet wurde, der meistens schulische Methoden des kreativen Schreibens benutzte, um das studentische Schreiben anzuregen" (S. H. McLeod, a.a.O., S. 339). Die nächste Aufbaustufe des WAC-Programms bestand darin, Schreibwerkstätten für alle Lernstufen einer Fakultät zu entwickeln. Die La Salle Universität z.B. entwickelte zwei- bis dreistündige Schreibwerkstätten, längere interdisziplinäre Schreibtreffen und eine achttägige Schreibwerkstatt im Sommer. An der Universität von Vermont, gibt es erstmal eine zwei Tage dauernde Intensiv-Schreibwerkstatt im Sommer für Neueinsteiger in das WAC-Programm. Auf diese Werkstatt folgt eine Serie von Treffen, die das Ziel haben, Schreibwerkstätten in allen Fakultäten und Wissenschaften dieser Universität zu etablieren. Aber nicht nur Studenten nehmen an WAC-Programmen teil. Die Radford-Universität entwickelte ein WAC-Programm für Mitglieder der Universitätverwaltung. Das William-Patterson College bietet Schreibwerkstätten für Lehrstuhlinhaber, Dekane und Verwaltungsleiter an.

Die Schreibwerkstätten der WAC-Programme versuchen, kreatives Schreiben und kritisches Denken zu verbinden. Das Spelman-College betreibt Schreibwerkstätten nicht nur als neue Lernmethode, sondern auch als Methode, analytisches Denken zu fördern. Das Missouri-Western-State-College bietet eine sechsmonatige Schreibwerkstatt unter dem Titel an: "Wie man kritisches Denken durch Schreiben lernen kann" (vgl. A.P. Martinich: Philosophical Writing. Englewood Cliffs 1989). Andere Universitäten wie das La Guardia Community College entwickeln in Schreibwerkstätten die Lust des Lesens, Sprechens, Zuhörens zusammen mit kreativen Schreibübungen.

Die bekannte amerikanische Literaturwissenschaftlerin I. Daemmrich hat Schreibkurse entwickelt, die durch das Schreiben von Familiengeschichten, Forschungsreportagen und Fallgeschichten den Anfängern den Übergang vom personen- zum sachbezogenen Schreiben, also vom literarischen zum wissenschaftlichen Schreiben erleichtern können (vgl. I. DAEMMRICH: A Bridge to Academic Discourse. in: College Composition and Communication 40, 3 (1989) S. 343-348) H. Timberg machte ethnograpisch Studien zum Inhalt seiner Schreibwerkstätten (H. B. TINBERG: Ethnography in the Writing classroom, in: College Composition und Comunication 40, 1 (1989) S. 79-82). DieReihe dieser spannenden Beispiele ließen sich lange fortsetzen (vgl. LINDEMANN, E.: Bibliography a.a.O., S. 135-147).

Verschiedene Universitäten haben Schreibseminare eingerichtet, in denen die wissenschaftlichen Fachbereiche **interdisziplinäre** Texte erarbeiten. Es gibt außerdem fortgeschrittene Universitäten, die in Schreibseminaren die soziale Konstellation von wissenschaftlichem Wissen erforschen lassen oder die Beziehung zwischen rhetorischen Sprachformen und den wissenschaftlichen Denkformen ermitteln.

An der Universität von Wisconsin erarbeiten Schreibwerkstätten die Schreibklischees in den Wissenschaften und am College of the Holy cross hat sich die Arbeit in Schreibseminaren auf die Erforschung der Struktur von wissenschaftlichen Fachsprachen spezialisiert.

Viele Universitäten richten Schreibwerkstätten ein, um intensive Kontakte zu Fachkräften in der Industrie, der staatlichen Verwaltung und den Mitgliedern des Erziehungs- und Gesundheitssystems, sowie den Schulen zu entwickeln. Es sind eindrucksvolle Handbücher des wissenschaftlichen Schreibens mit kreativen Mitteln entstanden (vgl. z.B. S. M. HUBBUCH: Writing Research Papers Across the Curriculum. Fort Worth 1989, R. C. GEBHARDT, D. RODRIGUES: Writing Processes and Intention. Lexington 1989 usw.). Anthologien von Studententexten aus allen Wissenschaften wurden veröffentlicht (vgl. G. MILLER: Advanced Writing courses, In: Teaching writing, 4, 1987). Es gibt auch schon folgende Reihen, die WAC-Projekte publizieren, z.B.

- W. A. BIDDEL: Writers Guide:
  1.History, 2. Lifescience, 3. Political Science, 4. Psychology. Lexington 1987
- S. BARNETT, M. STUBBS: The Short Guide Series:
  1. Literatur, 2. Art, 3. Biology, 4. History, 5. Film, 6. Social Science Harper Collins 1986-88

Die folgenden amerikanische Zeitschriften befassen sich nur mit Problemen des kreativen Schreibens in den Wissenschaften:

"Crosscut", "Word-Works", "Writing across the Curriculum".

Es gibt Reader, die Aussagen bekannter Wissenschaftler über ihre Schreiberfahrungen sammeln (z.B. E.C. BROWN, B.R. SCHNELLER: Writing about Science. New York 1991) Eine Reihe von Videofilmen liefern didaktisches Material für die Gestaltung von Schreibwerkstätten in den Wissenschaften.

Kreatives Schreiben in den Wissenschaften begann auf dem Niveau des Grundstudiums. Es hat sich aber heute auf die Oberstufen der Schulen wie auf das Hauptstudium der Universitäten ausgedehnt (vgl. T. FULWILER, A. JOUNG: Writing across the Curriculum. Programs, Practices, Problems, Cook 1990). Meist beginnt eine Hochschule damit, einen Kurs im kreativen Schreiben für alle Studenten verbindlich zu machen. Manche Hochschulen verlangen heute schon die Teilnahme an neun Kursen. Zuerst wurde in einem Fach kreativ geschrieben, jetzt gibt es Hochschulen, die diese Methode in allen Fächern einsetzen. Einige amerikanische Hochschulen haben auch Forschungs- und Praxiszentren des kreativen Schreibens in den Wissenschaften eingerichtet. Es entstehen dort nicht nur neue Kurskonzepte, sondern auch Forschungs- , Examens- und Doktorarbeitenarbeiten über das kreative Schreiben in den Wissenschaften. Der eigentliche Erfolg der WAC-Programme in den letzten zehn Jahren zeigt sich in ihrer wachsenden Institutionalisierung in den Wissenschaften (vgl. D. RUSSELL: Writing Across the Curriculum and the Comunications Movement, in: College Composition and Comunication 38, 2 (1987) S. 184-194).

Allerdings ergeben sich in diesem Prozeß auch Probleme: Schematismus, Bürokratisierung, Autoritatismus, Angleichung und zugleich der drohende Verlust von Experimentierfreudigkeit, Innovation und Flexibilität.

Außerdem: Die Konfrontation von Kreativität und Wissenschaft kann die jungen Studenten bei der Einführung in einen Schreibkurs verunsichern. Das erfordert Ermutigung und Gruppenhilfe, die nicht immer vorhanden ist (C. P. McCARTHY: A Strainger in Strange Lands: A Collegestudent Writes Across the Curriculum. In: Research in the Teaching of English, 21, 4, (1987) S. 233ff, M. ROSE: When a Writer can't Write. Guilford 1985, S. 134). Gleichzeitig sollten mögliche Barrieren und Schreibblöcke durch Schreibspiele, autobiographisches Schreiben oder experimentelles Aufschreiben von Hier-und-Jetzt-Erfahrungen abgebaut werden (vgl. M. ROSE: Remedial Writing courses: A Critique and a Poposal. in: College

English 45, 1 (1983) S. 111ff). Später sollten dann die spezifischen Inhalte der jeweiligen Wissenschaft den Teilnehmern von der beschränkten Ich-Perspektive zur Wir-Perspektive des wissenschaftlichen Diskurses führen (vgl. I. DAEMMRICH: A Bridge to Academic Diskurs. in: College Composition and Comunication 40, 3 (1989) S. 344).

Heute wird manch alter Schreibkurs einfach als WAC-Projekt verkauft. Es muß deshalb darum gehen, WAC-Projekte als Alternative zur lehrer- bzw. professorenzentrierten Unterrichtsmethode darzustellen. In den WAC-Projekten lernen die Studenten mehr von einander als von den Lehrkräften. Die Studenten sind keine passiven Lerner mehr, sie werden Aktivisten in Forschung und Lehre (vgl. R. WEISS, M. PEICH: Faculty Attitiude Change in a Cross-disipline Writing program. In: College Composition and Comunication 31, 1 (1980) S. 33-41). WAC-Projekte sind ein gutes Mittel gegen die Apathie der Studenten beim lehrerzentrierten Unterricht. Es ist kein Geheimnis, daß gegen diese Lernart sich auch der Widerstand der bürokratie- und autoritätsgewöhnten Lehrer erhebt (vgl. D. SWANSON-OWENS: Identyfing National Sources of Resistance. In: Research in the Teaching of English, 20, 1 (1986) S. 69-97). Aber es ist auch deutlich, daß die WAC-Projekte als praktische Reformpädagogik diese Widerstände überwinden können. Die rund 60 Jahre ältere und fünfmal so große Bewegung des "Creative Writing" in den USA zeigt Perspektiven auf, die heute auch von den WAC-Projekten beschritten werden (vgl. L.v. WERDER: Lehrbuch des kreativen Schreibens. Berlin 1990, S. 54-56).

In Deutschland gibt es zwar auch Ansätze des kreativen Schreibens an den Hochschulen und Schulen (vgl. L.v. WERDER, a.a.O.). Kreatives Schreiben in den Wissenschaften ist aber völliges Neuland. Es ist der Sinn dieses Buches, zu Experimenten in diesem Neuland anzustiften. Wie an jeder amerikanischen Universität und Hochschule, muß auch an jeder deutschen Hochschule und Oberschule wenigstens ein "Writing Center" (Schreibzentrum) entstehen. Ein solches Zentrum gibt Fachbereichen, Instituten und den einzelnen Studenten bzw. Oberschülern Hilfen und Beratung in allen Fragen des "Schreibens in den Wissenschaften." (C. THAISS: Write to the Limit, a.a.O., S. 336f). Jedes neue Schreibzentrum wird die Zahl der Schreibkrisen von Studenten und die Zahl der Studienabbrecher und Schulabbrechern erheblich senken können.

"Sätze, nicht Wörter sind
das Wesen der Sprache"
(B. L. Whorf)

7 "Kreatives Schreiben in den Wissenschaften" als Wissenschaft

Das Paradigma des "kreativen Schreibens in den Wissenschaften" wurde als Konzept des "Writing Across the Curriculum" in den 60er Jahren von J. Britton und seinen Mitarbeitern am Institut für Erziehungswissenschaft an der Universität von London entwickelt. Das Britton-Team ging von der sprachphilosophischen Annahme aus, daß, die Sprache das Denken und die Erkenntnis der Realität strukturiert (vgl. die Sprachphilosophie von Sapir, Whorf, Wygotsky). Britton erforschte deshalb den Gebrauch geschriebener Sprache in Oberschulklassen und erkannte, daß es **drei Schreibtypen** gibt: das sachliche, das poetische und das expressive Schreiben. Diese drei Arten des Schreibens unterscheiden sich je nach Inhalt und nach Zielgruppe. Das rein auf sachliche Information abzielende Schreiben richtet sich an eine distanzierte und unpersönliche Zuhörerschaft und besonders an den notengebenden Lehrer (vgl. Bizell, P., Herzberg, B.: Writing Across the Curriculum. A Bibliographic Essay. In: Kennedy, X. J., Kennedy, D. M. (Hrsg.): Teaching with the Bedford Guide for College-Writers. Boston 1987, S. 156-163, dem dieses Kapitel sehr viel verdankt).

Das poetische Schreiben erlaubt dem Studenten sich von einer aktiven Teilnahme an der abstrakten Öffentlichkeit zurückzuziehen, um zu meditieren und zu spekulieren und beim Vorlesen ihrer Texte, ihre Gedanken mit einem allen Gefühlen offenem Auditorium zu teilen.

Expressives Schreiben ermöglicht dem Studenten Ideen privat zu erforschen, wenn Sie z.B. ein Notizbuch oder ein Journal benutzen und ihre Eintragungen anderen Studenten bekannt machen.

Alle drei Schreibarten sind von unterschiedlichem Alter, was ihre Entstehung in der Menschheitsgeschichte anbelangt. Während das poetische Schreiben in Grammatik und Methaphorik weit in die uralte mündliche Poesie zurückreicht (vgl. J. Campbell: Mythologie der Urvölker. Basel 1991) und das expressive Schreiben mit dem Entstehen der Individualität und der Autobiografik seit der Antike zusammen hängt, ist das sachliche

Schreiben Produkt der wissenschaftlich- technischen Revolution seit der Renaissance. Das Zurückgreifen auf das poetische oder expressive Schreiben fördert deshalb die Verankerung des Schreibens in unvorstellbar alten Grammatiken, "da die paar tausend Jahre schriftlich überlieferter Geschichte nicht mehr sind, als die Breite eines Bleistiftstrichs auf dem Meßband unserer Erfahrungen" (B. L. WHORF: Sprache, Denken, Wirklichkeit. Reinbek 1963, S. 18).

Das Britton-Team fand weiter heraus, daß die Studenten besonders das poetische und expressive Schreiben, gefördert durch freundliche Lehrer und Mitstudenten, benutzen, um im Kontext der eigenen Grammatik Lernerfahrungen zu machen und zu fixieren (J. BRITTON: Language und Learning. Harmondsworth 1970, R. A. SHAFER: A Britain Proposal for Improving Literacy. In: Educational Forum 46 (1981), S. 81-96). Wenn wirklich intrinsisches Lernen im Unterricht stattfinden soll, so schlußfolgerte Britton, müssen die Studenten mehr Chancen erhalten poetisch und expressiv zu Schreiben. Diese Notwendigkeit wächst noch erheblich auf der Universität oder in der Erwachsenenbildung, wo die Studenten im besonderen Maße gefordert sind, zwischen den sachlichen Texten der Wissenschaft und ihrem selbsterforschenden Schreiben zu vermitteln.

Auf der Basis dieser Erkenntnis vom Wert des poetischen und expressiven Schreibens für das Lernen, entwickelte Nanncy Martin ihre Schreibforschung. Ihr Projekt zeigte die erstaunlichen Lernerfolge der Studenten, wenn der Professor ihnen erlaubte sich expressiv und poetisch auszudrücken. Ihr Projekt konnte auch nachweisen, daß diese Lernerfolge sich auch beim expressiven und poetischen Schreiben in den verschiedensten wissenschaftlichen Fächern einstellten (N. MARTIN: Writing and Learning Across the Curriculum. London 1976).

J. Moffet entdeckte, angeregt durch Britton und Martin, daß Studenten viel leichter wissenschaftlich Lernen, wenn sie nicht nur die formale Sprache wissenschaftlicher Texte benutzen, sondern expressives Schreiben wie z.B. Dialoge, Briefe, Theaterstücke und autobiographische Sequenzen. Wie Britton und Martin schlug Moffet nicht vor, alles formale sachliche Schreiben an einer Universität durch poetisches und expressives Schreiben zu ersetzen. Aber er machte sich stark dafür, daß die Studenten im Studium auch Schreibmethoden erlernen, mit denen sie in der Lage sind, wissenschaftliche Ideen zu erforschen, Gefühle auszudrücken und diese Erfahrungen auch gegenüber ihren Mitstudenten mitzuteilen (J. MOFFET: Active Voice: A Writing Program Across the Curriculum. Montclair 1981).

Die englischen Anregungen gaben Anfang der 70er Jahre die Initial-zündung für amerikanische Forschungen über die Bedeutung des Schreibens für wissenschaftliches Lernen.

J. Emig war die erste amerikanische Schreibforscherin, die Brittons Thesen überprüfte. Sie konnte bestätigen, daß, wenn Studenten in ihrem Schreiben mehr expressive und poetische Elemente verwenden, sie gehaltvollere Text produzieren, besser Schreiben, sich beim Schreiben besser fühlen und schließlich auch mehr lernen. Emig erweiterte den Gegenstand der Schreibforschung. Sie untersuchte auch die kognitiven Erfolge mit Hilfe des kreativen Schreibens. Sie stellte die einzigartigen kognitiven Vorteile heraus, die das kreative Schreiben für den Lernprozeß von Wissenschaft bedeutet. Im Schreiben stellte sich der Schreiber nämlich nicht nur die Adressaten seines Textes vor, sondern er vereinigt auch die Tätigkeit seines Auges, seiner Hand und seines Gehirns, um mit seinem Text seine Adressaten zu erreichen. Damit er die Adressaten erreicht, muß er im Schreiben wissenschaftliche Ideen vielfältig reflektieren, umformulieren und innerlich sich zueigen machen. Schreiben wird für J. Emig zu einer zentralen schul- und hochschuldidaktische Methode, um Wissen zu konstituieren, zu kommunizieren und sich anzueignen. Emig forderte deshalb auch (wie Britton), daß Studenten in allen Disziplinen vielmehr Chancen bekommen müssen, um expressive, poetische und reflexive Texte schreiben zu können. Viele Studien haben inzwischen nachgewiesen, daß die meisten Studenten, im Blick auf ihre Professoren und abhängig von deren Vorstellungen von wissenschaftlichen Texten, nur sachliches Schreiben lernen und daß damit die meisten Lernmöglichkeiten, die im Schreiben liegen, verloren gehen (vgl. B. DONLAN: Teaching Writing in the Content Areas: 11 Hypotheses from a Teachers Survey. In: Research in the Teaching of English, 8 (1974) S, 250-262, M. A. TIGHE, S. M. KOZIOLKA: Practices in the Teaching of Writing by Teachers of English, Sozial Studies and Science. In: English Education 4 (1982) S. 76-85), C. EBLEN: Writing Across the Curiculum. A Survey of a University Faculty's Views and Classroom Practices. In: Research in the Teaching of English 17 (1983) S. 343-348, vgl. auch LINDEMANN, E.: Bibliography ... a.a.O., S. 158-167).

Arthur N. Applebees Forschungen haben schließlich festgestellt, daß die schwindende Schreibfähigkeit der Studenten gerade dadurch hervorgerufen oder forciert wird, daß die Studenten unter dem Druck der Professoren nur eine Schreibarbeit lernen, mit der sie lange Zeit ihres Studiums wenig anfangen können, nämlich sachliches und logisches Schreiben. Appelbee fand heraus, daß 82% der befragten Professoren das Schreiben in allen Fächern für wichtig hielten, aber nur 3% ihren Unterricht für das Schreiben zur Verfügung stellten. Die Professoren achteten dabei kaum auf die Probleme des Schreibprozesses ihrer Studenten. Sie förderten auch nur das sachliche Schreiben, das ihnen als Prüfer und Zensurengeber am Herzem liegt (A. N. APPELBEE: Writing in the Secundary Schools. English and the Content Areas. Urbana 1981, A. N. APPELBEE: Writing across the Curiculum: The London Projects. In: English journal 66 (1977) S. 81-85). So kommt es, daß die Professoren mit der Unterdrückung des expressiven Schreibens auch die kognitiven Entwicklungen ihrer Studenten blockieren. Das ist dann besonders überraschend, wenn man weiß, daß viele Wissenschaftler ihre wissenschaftlichen Forschungen durch das ständige Führen eines Journals unterstützen, indem alle Sorten von Schreiben benutzt werden. Man denke auch an die Bedeutung der Werkjournale z.B. von Bert Brecht und Peter Weiß für ihre Arbeit.

Diese Erkenntnisse haben in den USA, Anfang der 80er Jahre viele Schulen und Hochschulen alarmiert und überall Initiativen angeregt, die Chancen zum expressiven und poetischen Schreiben an Schulen und Hochschulen zu erweitern. Damit begann der Boom des "kreativen Schreibens in den Wissenschaften" in den USA, der zur Bildung allgemeiner Schreibzentren in den Hochschulen und zur Gründung spezieller Schreibzentren in vielen Fakultäten führte (L. PETERS: Writing Across the Curriculum: Across the USA. In: THAISS, C. (Hrsg.). Writing to Learn. Fairfax 1982, S. 4-19).

Die neue Forschungsphase ist von den Untersuchungen geprägt, die Elaine Maimon initiierte. Sie erkannte, daß jede Wissenschaft nicht nur eine gemeinsame Idee vom wissenschaftlichen Text hat, sondern daß jede einzelne Wissenschaft ihren eigenen Weg der Forschung, des Erkennens und des Textens besitzt. Sie forderte deshalb, daß jede Wissenschaft ihren Studenten lehren müsse, nicht nur wie die Erkenntnisse der jeweiligen Wissenschaft zu reproduzieren, sondern auch kreativ zu erweitern sind. Jede Wissenschaft muß deshalb an den Universitäten Schreibkurse einrichten, um sie dort unter Berücksichtigung der studentischen Alltagssprache in den Schreibdiskurs des eigenen Faches einzuführen (E. MAIMON: Instructurs Manual: Writing in the Arts and Science. Cambridge 1981, W. WALVOURD, B. FASSLER: Helpings Students Writing Well: A Giude for Teachers in all Disziplines. New York 1982). E. Maimon verfaßte auch mit ihren Mitarbeitern ein grundlegendes **Curriculum** für interdisziplinäres Schreiben in den Wissenschaften. Der erste Abschnitt des Curriculums folgte dem Ziel "Schreiben, um zu lernen" und leitete zu expressivem, forschenden und sachlichem Schreiben an. Der zweite Abschnitt stellte sich dem Ziel "Schreiben zu lernen" und präsentierte die Kunst geistes-wissenschaftliche Forschungsberichte, soziologische Fallgeschichten und naturwissenschaftliche Laborberichte zu schreiben (E. MAIMON u.a.: Writing in the Arts and Science. Cambridge 1981, A. R. GERE: Writing and Learning. New York 1988). Maimon´s Curriculum fand in der Folgezeit viele Nachahmer (vgl. P. BIZZELL, B. HERZBERG: Writing Across the Curriculum Textbooks: A Bibliographic Essay. In: Rhetoric Review, 3 (Jan 1985) S. 202-217). Andere Curricula machen den Versuch den spezifi-schen Schreibdiskurs der eigenen Disziplin durch "ernsthaftes Parodieren" zu erforschen und mit Spaß anzueignen (D. HAMILTON: Interdsiziplinary Writing. In: College English 41 (1980) S. 780-790, S. 795-796, M. ROSE: Remedial Writers Courses: A Critique and a Proposal. In: College English 45 (1983), S. 109-128).

Toby Fulwiler wurde zum Erforscher des Ausbaus des expressiven Schrei-bens in den Wissenschaften mittels der Technik des Journal-Schreibens (T. FULWILER: Journals Across the Disciplines. In: English Journal 69 (1980) S. 14-18). Zusammen mit Art Young hat Fulwiler auch ein Programm zusammengestellt, wie der Student vom poetischen über das expressive zum sachlichen Schreiben sich hinaufschreiben kann (T. FULWILER, A. YOUNG: Language Connections: Writing and Reading Across the Curriculum. Urbana 1982).

Allerdings zeigte sich bei der Ausdehung des kreativen Schreibens in den Wissenschaften in den USA in den 80er Jahren an den Hochschulen ein zentraler Widerstand: Die Hochschullehrer, ihre Fixierung auf sachliche Texte und ihr formaler Begriff vom wissenschaftlichen Schreiben, macht sich bemerkbar. Professoren haben oft die Vorstellung gutes wissenschaft-liches Schreiben sei korrektes grammatisches Schreiben. Mit dieser Idee vom wissenschaftlichen Text sind sie meist überhaupt nicht in der Lage, Studenten in ihrem Schreibprozeß zu begleiten und expressives und poe-tisches Schreiben als Lernprozesse anzuregen. Außerdem haben sie Angst, daß durch das kreative Schreiben Einfluß auf das Lernen an ihren Instituten genommen wird.

Eine neue Phase der Schreibforschung stellte sich deshalb der Aufgabe, Strategien zur Durchsetzung des kreativen Schreibens in allen wissenschaftlichen Fachbereichen zu entwerfen. E. Maimon setzte auf eine **Innovation von oben.** Jede Universität sollte mit dem Aufbau eines fächerübergreifenden Schreibzentrums beginnen (E. MAIMON: Cinderella to Hercules: Demythologizing Writing Across the Curriculum. In: Journal of Basic-Writing 2 (1980) S. 3-11, E. MAIMON: Writing in All the Arts and Sciences: Getting Started and Gaining Momentum. In: Writing Programm Administration 4 (1981) S. 9-13).

Anne Herrington und Anne Raines schlugen ein **dezentrale Strategie** vor. In jedem Fachbereich sollten durch Schreibprojekte das Interesse an der Bildung fachbereichsspezifischer Schreibzentren geweckt werden (vgl. A. HERRINGTON: Writing to Learn: Writing Across the Disiplins. In: College English 43 (1981) S. 379-387, A. RAINES: Writing and Learning Across the Curriculum. The Experience of a Faculty Seminar. In: College English 41 (1980) S. 797-801).

Toby Fulwiler versuchte das Fakultätsinteresse dadurch zu wecken, daß er Schreibprojekte einrichtete, in denen das Schreiben der Fakultätsmitglieder selbst zum Thema genommen wurde (T. FULWILER: Showing, Not Telling, at a Writing Workshop. In: Collaege English 43 (1981) S. 55-63, R. FREISINGER: Cross- Disciplinary Writing-Workshops: Theory and Practice. In: College English 42 (1980) S. 154-156, 161-166).

Als zentrales aktuelles Froschungsproblem ergibt sich die Frage wie die Studenten vom Niveau schulischer Schreibqualifikation zum Niveau hochschulischer wissenschaftlicher Schreibqualifikation gelangen können. Viele Studenten erleben nämlich den wissenschaftlichen Diskurs an der Universität lange als völlig unverständliche Fremdsprache. Sie kommen sich im wissenschaftlichen Diskurs als Fremde im fremden Land vor ((E. MAIMON: Talking to Strangers. In: College Compositin and Comunication 30 (1979) S. 364-369). Heute verbreitet sich in den USA die Hypothese, daß die Abwehr der Grundqualifikation im wissenschaftlichen Schreiben eine der zentralen Gründe ist, daß immer mehr Studenten ihr Studium abbrechen müssen. M. SHAUGHNESSY erhebt deshalb die Forderung, daß eine allgemeinverbindliche Skala der Schreibqualifikationen im wissenschaftlichen Schreiben entwickelt werden muß, die alle Stufen der Schreibqualifikation umfaßt, vom Diplomkanditaten bis zum Habilitanden (M. SHAUGHNESSY: Some Needed Research on Writing. In: College Compostion and Comunication 28 (1977) S. 317-321).

Bei der Frage wie die verschiedenen Stufen der Qualifikation im wissenschaftlichen Schreiben erreicht werden sollen, ergibt sich in der amerikanischen Schreibforschung eine Spaltung. Eine Fraktion setzt auf das **expressive Schreiben** als Königsweg der Schreibqualifikation. Diese Fraktion hat mit den Arbeiten von Ken MACRORIE: The I-Search Paper. Portsmouth 1988, P. ELBOW: Writing without Teachers. London 1973, P. ELBOW: Writing with Power. New York 1981 und der großen empirischen Studie: P. BELANOFF, P. ELBOW u.a.: Nothing Beginns with N. New Investigations of Free Writing. Carbondale 1991, das expressive Schreiben zum freiassoziiativen Schreiben weiterentwickelt. Diese Fraktion hat auch das autobiographische Schreiben ausgebaut, um das Journal-Schreiben (T. FULWILER) und die Methode der Autobiografik (vgl. J. GOULD: The Writer in All of Us. Improving your Writing through Childhood Memories. New York 1989). Bei der Weiterentwicklung des poetischen Schreibens ist heute das New Yorker Projekt "Teachers and Writers" führend (vgl. D. WORSLEY, B. MAYER: The Art of Science-Writing. New York 1989). Expressives Schreiben und ihre erweiterte Methodik gilt als eine wichtige Stufe in der Schreibqualifikation, die schließlich zur Fähigkeit wissenschaftlich sachlichen Schreibens führen kann. Erst das expressive Schreiben, bei dem Studenten und Professoren ohne hiearchische Unterschiede sich begegnen, kann die Forschungsmethoden lehren, die jede Wissenschaft groß gemacht hat (C. H. KNOBLOCH, L. BRANNON: Writing and Learning trough the Curriculum. In: College English 45 (1983) S. 465-474).

Die andere Fraktion ist der Meinung, daß wissenschaftliches Schreiben nur durch sachlich wissenschaftliches Schreiben gelernt werden kann. Der Kern des sachlichen Schreibens in der Wissenschaft scheint dieser Fraktion in der **Rhetorik** zu liegen. J. Raymond vertritt die Meinung, daß "die Rhetorik die letzte reduktionistische und interdisziplinäre Methode in den Wissenschaften ist" (J. RAYMOND: Rhetorik. The Methodology of the Humanities. In: College English 44 (1982) S. 78-83).

J. Kinneavy hat herausgefunden, daß eine wachsende Beachtung der Regeln der Rhetorik, die Kommunikation in den Wissenschaften zwischen dem wissenschaftlichen Nachwuchs und den etablierten Wissenschaftlern verbessern hilft. Verbesserte Kommunikation würde auch verbesserte Kenntnisse der wissenschaflichen Methoden und damit des wissenschaftlichen Schreibens zur Folge haben meint Kinneavy (J. KINNEAVY: Writing Across the Curriculum. In: ABE Bulletin 76 (1983) S. 14-21).

Allerdings deutet sich in jüngster Zeit ein Kompromiß an. Die Qualifikation zum wissenschaftlichen Schreiben kann den Studenten nicht nur durch Kenntnisse und Erlebnisse rhetorischer Regeln nahe gebracht werden. Die Studenten müssen auch die verschiedenen Formen des Schreibens vom expressiven über das poetische Schreiben zum sachlichen Schreiben beherrschen. Die traditionelle Trennung zwischen dem Textlesen und dem Textschreiben ist überholt (W. HORNER: Composition and Literature: Bridging the Gap. Chicago 1983).

Die Trennung von Lesen und Schreiben, von sachlichem Schreiben und kreativem Schreiben wird heute in der amerikanischen Schreibbewegung nicht mehr akzeptiert. Gerade die Kombination verschiedener Schreib- und Lesetechniken hat sich als sehr effektiv für wissenschaftliches Lernen erwiesen (L. ODEL: The Process of Writing and the Process of Learning. In: College Composition and Comunication 31 (1980) S. 42-50).

Da es aber auch genug individuelle Widerstände in jeder Schreibkarriere gibt, ist die **Schreibblockforschung** als Erforschung von Schreibkrisen heute in den USA weit verbreitet. Hier finden sich tiefenpsychologische und kognitive Forschungsansätze. Die tiefenpschologischen Forschungsansätze führen den Schreibblock im wissenschaftlichen Schreiben auf die Schuld- und Angstblockade durch ein rigides wissenschaftliches Über-Ich oder ein unstrukturiertes Es zurück (vgl. Z. LEADER: Writers Block. Baltimore 1991). Die kognitiven Ansätze vermuten Schreibblöcke im Mißverhältnis von Schreibziel und -mittel (M. ROSE: Writers Block. Carbondale 1984). Die heutige Schreibforschung hat ein riesiges Ausmaß. Eine neue Bibliographie verzeichnet 1857 einschlägige Bücher und Ansätze (LINDEMANN, E. a.a.O.)

Die jüngste wissenschaftliche Forschung kreativen Schreiben in den Wissenschaften stellt sich dem Problem der **Schreibpädagogik** und der Didaktik und Methodik des Schreiblehres bzw. des Schreiben lehrenden Professors.

Viele Anregungen hat hier die Befreiungspädagogik Paolo Freires gegeben. Freire ging davon aus, daß die Gewinnung einer eigenen Sprache und eines autentischen schriftlichen Ausdrucks zur Emanzipation des Einzelnen beiträgt. Der Prozeß, die eigene Lebenswelt schriftlich zu begreifen und diesen Prozeß als Dialog zwischen Professor und Student anzulegen, erscheint vielen amerikanischen Professoren als ein sehr nützliches Modell des Schreibenlernens als Prozeßpädagogik (P. FREIRE: Pädagogik der Unterdrückten. Reinbek 1985). Schreibpädagogik muß so auf einer genauen Kenntnis der Schreiberfahrungen der jungen Studenten aufbauen, argumentierte M. P. SHAOGHNESSY in ihrer wichtigen Studie: "Errors and Expectations: A Guide fo Teachers of Basic English. New York 1977, ebenso W. F. IRMSCHER: Teaching Expository Writing. New York 1979. Besonders negative und positive Emotionen, die den Schreibprozeß der Studenten immer begleiten, sind zu beachten (A. G. BRAND: The Psychology of Wrting. New York 1989, S. 39ff). Wichtige Schritte der Schreibpädagogik werden einmal von der Rhetorik strukturiert (vgl. E. LINDEMANN: A Rhetoric for Writing Teachers. New York 1982), anderseits von der paolo-freirischen Dialogstrategie. Ein Schwerpunkt der Schreibpädagogik erscheint nicht nur in der Anregung von Schreibprozessen, sondern auch in der Diskussion und Bewertung von geschriebenen Texten. Bei der Textdiskussion werden häufig gesprächspsychotherapeutische Strategien nach Karl Rogers vorgeschlagen (C. M. ANSON (Hrsg.): Writing and Responds. Urbana 1989, S. 114ff). Es werden aber heute auch die Probleme der Evolution und Bewertung von Texten diskutiert (C. R. COOPER, L. ODELL: Evaluating Writing: Discribing, Measuring, Judging. Urbanna 1977, E. LINDEMANN: Bibliography ... a.a.O., S. 158-170).

Die deutschen Initiativen zur Etablierung des "kreativen Schreibens in den Wissenschaften" an deutschen Hochschulen können von der amerikanischen Entwicklung viel lernen. Die Aneigung der amerikanischen Schreibforschung und kreativen Schreibpraxis kann einen guten Beitrag leisten, um die heute in Deutschland unter den Studenten und Schülern grassierende Ablehnung von Wissenschaft, die Expansion von Schreibblöcken und den sich ausdehnenden völligen Verlust der Schreibfähigkeiten zu bekämpfen. Wissenschaft ist nicht "Herrschaft" oder "Männersprache", ist nicht "abstrakter Mist" oder "graue Theorie", sondern ein Diskurs, der, wie die USA zeigen, durch kreatives Schreiben durchaus zugänglich wird. Der Diskurs der Wissenschaften kann sich wieder mit den menschlichen Ursprüngen als letzter Realität verbinden, wenn er durch kreatives Schreiben expressiv und poetisch die Fühlung mit den Grammatiken der Frühgeschichte wieder aufnimmt.

Literatur

Fachliteratur:

Anson, C.M. (Hrsg.): Writing and Response. Urbana 1989

Anson, C.M.: Response Styles and Ways of Knowing. In: C. M. Anson (Hrsg.): Writing and Response. Urbana 1989, S. 351

Appelbee, A.N.: Writing across the Curicculum: The London Projects. In: English Journal 66 (1977) S. 81-85

Appelbee, A.N.: Writing in the Secundary Schools. English and the Content Areas. Urbana 1981

Axelrod, R.B., Cooper, C.R.: The St. Martins Guide to Writing. New York 1988,

Baldwin, I.: One to One. Selfunderstanding through Journal-Writing. New York 1977

Ballenger, B., Lane, B.: Discovering the Writer Within. Cincinati 1989

Becker, H.S.: Außenseiter. Frankfurt 1981

Becker, H.S.: Writing for Social Scientist. Chicago 1986

Belanoff, P., Elbow, P. u.a.: Nothing begins with N. New Investigations of Freewriting. Carbondale 1991

Biddle, A.W., Bean, D.J.: Writers Guide: Life Sciences. Lexington 1987

Biddle, A.W., Holland, K.M.: Writers Guide: Political Science. Lexington 1987

Bizell, P., Herzberg, B.: Writing Across the Curriculum. A Bibliographic Essay. In: Kennedy, X. J., Kennedy, D. M. (Hrsg.): Teaching with the Bedford Guide for College-Writers. Boston 1987

Bizzell, P., Herzberg, B.: Writing Across the Curriculum Textbooks: A Bibliographic Essay. In: Rhetoric Review, 3 (Jan 1985) S. 202-217

Blum, J. u.a.: A Guide to the whole Writing Process, Boston 1988

Bond, L.A., Magisterale, A.S.: Writers Guide: Psychology. Lexington 1987

Brand, A.G.: The Psychology of Wrting. New York 1989

Breton, A., Eluard, P.: Die unbefleckte Empfängnis. Frankfurt 1988

Britton, J.: Language und Learning. Harmondsworth 1970

Brown, C.S.: Like It Was. A Complete Guide to Writing Oral-History. New York 1988

Brown, E.C., Schneller, B.R.: Writing about Science. New York 1991

Buczinsky, T.: Wild Currents. Prompts for Creativ Writers. In: Teachers and Writers 22,4 (1991) S. 8f

Buzan, T.: Kopftraining. München 1984

Campbell, J.: Mythologie der Urvölker. Basel 1991

Campwell, M.: Writing about Travel. London 1989

Card, O.S.: Charakters and Viewpoint. Cincinati 1988

Carr, J.B.: Communicating with Myself: A Journal. Dubuque 1991

Carrol, D.L.: A Manual of Writer Tricks. New York 1990

Casewit, C.: How to make Money from Travel Writing. Chester 1988

Clark, K.: Leonardo da Vinci. Reinbek 1969

Cooper, C.J.: A Short Guide for Writing about Social Science. Glenview 1988

Cooper, C.R., Odell, L.: Evaluating Writing: Discribing, Measuring, Judging. Urbanna 1977

D.J. Sklar: Playmaking. New York 1991

Daemmrich, I.: A Bridge to Academic Discourse. In: College Composition and Communication 40, 3 (1989) S. 343-348

Daniel, L.: How to write your own life-story. Chicago 1991

Darwin, Ch.: Die Entstehung der Arten durch natürliche Zuchtwahl. Leipzig. 1990

Dickerson, M.J.: On Writing Autobiography. In: Journal of Advanced Composition.. (1989) 1/2, S. 135-150

Donlan, B.: Teaching Writing in the Content Areas: 11 Hypotheses from a Teachers Survey. In: Research in the Teaching of English, 8 (1974) S. 250-262,

Dynes, R.: Creative Writing in Group Work. Oxson 1988

Eblen, C.: Writing Across the Curiculum. A Survey of a University Faculty's Views and Classroom Practices. In: Research in the Teaching of English 17 (1983) S. 343-348

Edelstein, S.: The No-Experience Necessary Writers Course. Chelsea 1990,

Egri, L.: The Art of creative Writing. Secaucus 1966

Eissler, R.: Talent and Genius. New York 1971

Elbow, P.: Toward a Phenomenology of Freewriting. In: Journal of Basic Writing. 8 (1989) 2, S. 42-72

Elbow, P.: Writing with Power. New York 1981

Elbow, P.: Writing without Teachers. London 1972

Elias, N.,Scotson, J.L.: Etablierte und Außenseiter. Frankfurt 1990

Elias, N.: Engagement und Distanzierung. Frankfurt 1983

Ellenberger, H.F.: Die Entdeckung des Unbewußten. Bern 1973

Evans, C.: Writing Science Fiction. London 1988

Fitz-Hugh, T.: How to write a Family-History. London 1988

Flower, L.: Problemsolving Strategies For Writing. San Diego 1989

Freire, P.: Pädagogik der Unterdrückten. Reinbek 1985

Freisinger, R.: Cross- Disciplinary Writing-Workshops: Theory and Practice. In: College English 42 (1980) S. 154-156, 161-166

Freud, S.: Briefe an Wilhelm Fließ. Frankfurt 1989

Freud, S.: Gesammelte Werke. Frankfurt 1962

Fulwiler, T., Joung, A.: Writing across the Curriculum. Programs, Practices, Problems, Cook 1990

Fulwiler, T., Young, A.: Language Connections: Writing and Reading Across the Curriculum. Urbana 1982

Fulwiler, T.: Journals Across the Disciplines. In: English Journal 69 (1980) S. 14-18

Fulwiler, T.: Showing, Not Telling, at a Writing Workshop. In: College English 43 (1981) S. 55-63

Fulwiler, T.: The Journal Book. Porthsmouth 1987

Fulwiler, T.: Responding to Student Journals. In: C.M. Anson (Hrsg.): Writing and Response. Urbana 1989

Gebhardt, R.C., Rodrigues, D.: Writing. Process and Intention. Lexington 1989

Gere, A.R.: Writing and Learning. New York 1988

Gould, J.: The Writer in All of Us. Improving your Writing through Childhood Memories. New York 1989

Griffen, C.F.: Programs for Writing across the Curriculum. In: College Composition and Comunication 36, 4 (1985) S. 403ff

Groddeck, G.: Der Seelensucher. Leipzig 1921

Grof, C., Grof, S.: Die stürmische Suche nach dem Selbst. Praktische Hilfen in spirituellen Krisen. München 1991

Hamilton, T.: Interdsiziplinary Writing. In: College English 41 (1980) S. 780-790, S. 795-796

Hammond, R.: The Writer and the Wordprocessor. London 1984

Heath-Stubbs, J., Salman, P.: Poems of Science. New York 1984

Hefermann, J.A.W., Lincoln, J.E.: Writing. A College Handbook. New York 1986

Heinzmann, J.: Making the Right Connections. A Guide for Nature Writers. Stevens Point

Herrington, A.: Writing to Learn: Writing Across the Disciplins. In: College English 43 (1981) S. 379-387

Hesse, H.: Demian. Berlin 1918

Higginson, W.J.: The Haiku Handbook. New York 1985

Hoffmann, A.: Resarch for Writers. London 1986

Horner, W.: Composition and Literature: Bridging the Gap. Chicago 1983

Hubbuch, S.M.: Writing Research Papers Across the Curriculum. Fort Worth 1989

Irmscher, W.F.: Teaching Expository Writing. New York 1979

Jason, P.K., Lefcowitz, A.B.: Creative Writers Handbook. Englewoods Cliffs 1990

Jaspers, K.: Philosophie. Heidelberg 1956

Kaye, S.: Writing under Pressure. The Quick Writing Process. New York 1989

Keating, H.R.F.: Writing Crime Fiction. London 1986

Kenjon, R.W.: Using Writing in Mathematics. In: D. Worsley, B. Mayer: The Art of Science Writing. New York 1989

Kinneavy, J.: Writing Across the Curriculum. In: ABE Bulletin 76 (1983) S. 14-21

Kirchhoff, M.: Mindmapping. Berlin 1989

Knobloch, C.H, Brannon, L.: Writing and Learning trough the Curriculum. In: College English 45 (1983) S. 465-474

Kohl, H.: Mathematical Puzzlements: Play and Invention with Mathematics. New York 1987

Kuiper, P.C.: Die seelischen Krankheiten des Menschen. Stuttgart 1988

Leader, Z.: Writers Block. Baltimore 1991

Lindemann, E.: A Rhetoric for Writing Teachers. New York 1982

Macoree, K.: Twenty Teachers. New York 1984

Macrorie, K.: Writing to be Read. Portsmouth 1984

Madachy, J.S.: Mathematics on Vacation. New York 1966

Mahony, J.P.: Der Schriftsteller Sigmund Freud. Frankfurt 1988

Maimon, E. u.a.: Writing in the Arts and Science. Cambridge 1981

Maimon, E.: Cinderella to Hercules: Demythologizing Writing Across the Curriculum. In: Journal of Basic-Writing 2 (1980) S. 3-11

Maimon, E.: Instructurs Manual: Writing in the Arts and Science. Cambridge 1981

Maimon, E.: Talking to Strangers. In: College Composition and Comunication 30 (1979) S. 364-369)

Maimon, E.: Writing and Learning in the Arts and Science. Bosten 1981

Maimon, E.: Writing in All the Arts and Sciences: Getting Started and Gaining Momentum. In: Writing Programm Administration 4 (1981) S. 9-13

Marius, R.: A Short Guide to Writing about History. Glenview 1989

Martin, N. u.a.: Writing and Learning across the Curriculum. New York 1979

Martin, R.: Writing Historical Fiction. London 1988

Martinich, A.P.: Philosophical Writing. Englewood Cliffs 1989

Marx, K., Engels, F.: Briefe über das Kapital. Berlin 1954

McCarthy, C.P.: A Stranger in Strange Lands: A Collegestudent Writes Across the Curriculum. In: Research in the Teaching of English, 21, 4, (1987) S. 233ff

McLeod, S.H.: Stringthening Programs for Writing across the Curriculum. New York 1988

McLeod, S.H.: Writing across the Curriculum: The second Stage and Beyond. In: College Composition and Comunication 40, 3 (1989), S. 338

Miller, G.: Advanced Writing courses. In: Teaching writing, 4, 1987

Moffat, M.J.: The Times of our Lifes. A Guide to writing Autobiographies and Memoires. Santa Barabara 1989

Moffet, J.: Active Voice: A Writing Program Across the Curriculum. Montclair 1981

Mundis, I.: Break writers block now. New York 1991

Murphy, R.: Imaginary Worlds. Notes on an new Curriculum. New York 1974

Murray, D.M.: Write to Learn. Fort Worth 1990

Nichols, E., Lowenkopf, A.: Life lines. White Hall 1989

Ochsner, R.: Physical Eloquence and the Biology of Writing. Albany 1990

Odel, L.: The Process of Writing and the Process of Learning. In: College Composition and Comunication 31 (1980) S. 42-50

Pechenik, J.A.: A Short Guide to Writing about Biology. Harper Collins 1987

Peters, L.: Writing Across the Curriculum: Across the USA. In: Thaiss, C. (Hrsg.). Writing to Learn. Fairfax 1982, S. 4-19

Postmann, N.: Wir amüsieren uns zu Tode. Frankfurt 1988

Progoff, I.: At a Journal Workshop. New York 1975

Raines, A.: Writing and Learning Across the Curriculum. The Experience of a Faculty Seminar. In: College English 41 (1980) S. 797-801

Rau, R.A. (Hrsg.): Kreatives Schreiben an Hochschulen. Tübingen 1988

Raymond, J.: Rhetorik. The Methodology of the Humanities. In: College English 44 (1982) S. 78-83

Rocker, R.: Mathemats: Tales of Mathematical Wonder. New York 1987

Rogers, C.R.: Die nicht-direktive-Beratung. München 1976

Rosdolsky, R.: Zur Entstehungsgeschichte des marxschen Kapitals. Frankfurt 1973 Band 1

Rose, M. (Hrsg.): When a writer can´t write. New York 1985

Rose, M. (Hrsg.): Writers block. Carbondale 1984

Rose, M.: Remedial Writers Courses: A Critique and a Proposal. In: College English 45 (1983), S. 109-128

Russell, D.: Writing Across the Curriculum and the Comunications Movement. In: College Composition and Comunication 38, 2 (1987) S. 184-194

Sawyer, R.: How to Write Biographies and Company Histories. Missoula 1989

Schmitz, S.: Charles Darwin. Düsseldorf 1983

Schühlein, J.A.: Selbstbetroffenheit. Über Aneignung und Vermittlung sozialwissenschaftlicher Kompetenz. Frankfurt 1977

Schwarz, T.: The Complete Guide to Writing Biographies. Cincinati 1990

Seabury, M.B.: The Abstraction ladder in Freshmann Composition. In: College Composition and Communication. 40, 1, 1988, S. 89-92

Sears, P.: Secret Writing. Keys to the Mysteries of Reading and Writing. New York 1986

Selling, B.: Writing from Within. Claremont 1990

Shafer, R.A.: A Britain Proposal for Improving Literacy. In: Educational Forum 46 (1981), S. 81-96)

Shaughnessy, M.: Some Needed Research on Writing. In: College Compostion and Comunication 28 (1977) S. 317-321

Shortridge, V.: Songs of Science. Bosten 1930

Steffens, H.F., Dickerson, M.J.: Writers Guide: History. Lexington 1987,

Stone, E.: Black Cheep and Kissing Coussins: How our Family-Stories chape us. New York 1988

Swanson-Owens, D.: Identyfing National Sources of Resistance. In: Research in the Teaching of English, 20, 1 (1986) S. 69-97

Tallent, N.: Psychological Report Writing. Englewood Cliffs 1988

Thaiss, C.: Writing to Learn. New York 1983

Thaiss, C.J.: Write to the limit. Fort Worth 1991

Thomas, D., Thomas, G.: The Use of Rogerian Reflections in Small Group Writing Conferences. In: Anson, C.M. (Hrsg.): Writing and Response, a.a.O.

Tighe, M.A., Koziolka, S.M.: Practices in the Teaching of Writing by Teachers of English, Sozial Studies and Science. In: English Education 4 (1982) S. 76-85

Tinberg, H.B.: Ethnography in the Writing classroom. In: College Composition und Comunication 40, 1 (1989) S. 79-82

Tobias, S.: Overcoming Math Anxiety. New York 1982

Tobias, S.: Succeed with Math: Every Students - Guide to Conquering Math Anxiety. New York 1987

Tolkien, J.R.: Der Herr der Ringe. Stuttgart 1974 Bd. I

Walvourd, W., Fassler, B.: Helpings Students Writing Well: A Guide for Teachers in all Disciplines. New York 1982

Weischädel, W.: Auch eine Philosophiegeschichte. Darmstadt 1974

Weiss, R., Peich, M.: Faculty Attitiude Change in a Cross-disipline Writing program. In: College Composition and Comunication 31, 1 (1980) S. 33-41

Werder, L.v.: Alltägliche Selbstanalyse. Weinheim 1990

Werder, L.v.: Lehrbuch des kreativen Schreibens. Berlin 1990

White, E.M.: Developing successful College Writing Programs. San Franzisco 1989

Whorf, B.L.: Sprache, Denken, Wirklichkeit. Reinbek 1963

Willis, M.E.: Personal Fiction Writing. New York 1984

Wittels, F.: Sigmund Freud. Frankfurt 1925

Worsley, D., Mayer, B.: The Art of Science Writing. New York 1989

Wright Mills, C.: The Sociological Imagination. New York 1959

Bibliographien:

Bishop, W. u.a.: Teaching Creative Writing: A Selective, Annotated Bibliography. Bloomington 1989

Lindemann, E.: Bibliography of Composition and Rhetoric. Carbondale 1991

Sachregister

Hinweise auf Fernstudium und Beratung für "Kreatives Schreiben in den Wissenschaften"

Eine Hilfe für die Aneignung des "kreativen Schreibens in den Wissenschaften" bietet das "Institut für kreatives Schreiben" in Berlin an. Das Institut kann einen dreifachen Service liefern:

✍ Sie können beim Institut das "Fernstudium des kreativen Schreibens" mit dem Schwerpunkt "Wissenschaftliches Schreiben" belegen. Sie werden dann in anderthalb Jahren durch diesen Fernstudiengang zum Schreibpädagogen ausgebildet. Durch Erarbeitung von Texten, Einsendungen, Kommentierungen, durch Absolvierung von Präsenzphasen und durch die dokumentierte Anleitung einer wissenschaft-lichen Schreibgruppe erwerben sie die Qualifikation, die sie zur Mitarbeit an universitären und betrieblichen Schreibzentren und zur Anleitung von wissenschaftlichen Schreibkursen befähigt.

✍ Sie können mit dem Fachgebiet "Kreatives Schreiben in den Wissenschaften" am Institut Kontakt aufnehmen, Informationen abfragen und Beratungen vereinbaren.

✍ Sie können die "Zeitschrift für kreatives Schreiben" abonnieren, die vom Institut ab Frühjahr 1991 herausgegeben wird. Diese Zeitschrift berichtet laufend auch über die Entwicklung des "Kreativen Schreibens in den Wissenschaften" in Deutschland.

Das Institut erreichen Sie über:
Claus Mischon, 1000 Berlin 30, Bamberger Str. 52

Lutz von Werder

Lehrbuch des kreativen Schreibens

In den USA studieren heute 7000 Studenten "creative writing". Nach Abschluß ihres vierjährigen Studiums werden sie Schriftsteller, Redakteure aber auch Kulturarbeiter, literarische Sozialpädagogen und Anleiter von kreativen Schreibgruppen. Diese Entwicklung steht in Deutschland noch aus.

Das Lehrbuch will deshalb das neue Lehrgebiet des kreativen Schreibens in Deutschland vorstellen.

Das Lehrbuch strebt eine kulinarische Form des Lernens an. Es besteht:

- zu einem Drittel aus praktischen Übungen und umfaßt rund 200 Schreibspiele, 20 Schreibprojekte, 40 Schreibmethoden und viele Arbeitstechniken.
- zu einem Drittel aus empirischem Anschauungsmaterial. Es werden 80 Schreibgruppen, 20 Texthefte, 30 einschlägige Diplomarbeiten des Berliner Projekts "Kreatives Schreiben" und die Unterlagen aller vorliegenden Projekte der deutschen Schreibbewegung ausgewertet.
- zu einem Drittel aus einer theoretischen Grundlegung. Ein interdisziplinärer Ansatz (Literaturpsychologie, Soziologie und Pädagogik) wird dem neuen prozeß- und produktorientierten Konzept der Poesiepädagogik zugrunde gelegt.

Das Lehrbuch leitet zur Durchführung und Auswertung eigener kreativer Schreibgruppen an und entwirft Strategien der Durchsetzung der neuen Methode am Markt und in den Institutionen.
Es kostet DM 36.- und umfaßt 500 Seiten.

IFK-Verlag Berlin
Postfach 30 36 42
1000 Berlin 30

- ISBN 3-926752-25-4 -

Lutz von Werder
Claus Mischon
Barbara Schulte-Steinecke

Kreative Literaturgeschichte

Literaturgeschichten sind die schönen Särge der Dichter. Dort werden sie mit ihren Texten aufgebahrt, wenn der Geist der Kreativität sie verlassen hat. Literaturgeschichten werden allenfalls gelesen. Meist lassen sie einen völlig kalt.

Die kreative Literaturgeschichte zeigt das Leben der Literatur. Sie präsentiert die Geschichten der Schreibtechniken. Sie enthält die Entwicklung der Produktionsgeheimnisse der Literatur. Sie stellt Übungen aus vielen Epochen der Literatur vor. Sie lädt zur Reise in die moderne und archaische Poesie ein.

Kreative Literaturgeschichte animiert zur Schreibreise durch die Literatur. Sie organisiert kreative Schreibgruppen, die sich den kreativen Geist der literarischen Epochen und Meister aneignen. Sie führt an das Feuer der Imagination und Inspiration.

Kreative Literaturgeschichte ist ein Hand- und Praxisbuch der neuen deutschen Schreibbewegung. Es eignet sich für Schule, Hochschule, Alltagskultur, Salon, Atelier und Labor.

Kreative Literaturgeschichte bietet Literatur als Erlebnis - als Erlebnis der Archaik und der großen Schreibmeister des 18., 19. und 20. Jahrhunderts: Schamanen, Hexen, aber auch Goethe, Novalis, Zola, Benn, Breton, Queneau.

Kreative Literaturgeschichte führt zur kreativen Arbeit in der magischen Poesie, der Klassik, der Romantik, dem Naturalismus, Expressionismus, Surrealismus und Manierismus.

Es kostet DM 24,80 und umfaßt 208 Seiten.

Schibri-Verlag
Meininger Str. 4
1000 Berlin 62

- ISBN 3-928878-01-8 -

MATERIAL ZUR ANGEWANDTEN GEOGRAPHIE

Umweltplanung
Reparaturunternehmen oder ökologische Raumentwicklung ?
Band 20

Der Band "Umweltplanung" gibt einen umfassenden Querschnitt durch ein wichtiges Arbeitsgebiet der angewandten Geographie. Als Stichworte seien hier genannt:

- Ökologisch orientierte Stadt- und Landschaftsplanung
- Umweltverträglichkeitsprüfung
- Geographische Informationssysteme
- Fernerkundung
- Grenzüberschreitende Raumplanung in der EG
- Erfahrungen in der DDR und Planungsansätze für die Entwicklung in den neuen Bundesländern

Als Autoren konnten namhafte Wissenschaftler und Praktiker gewonnen werden. Ihre Beiträge fassen die Ergebnisse der Jahrestagung des Deutschen Verbands für Angewandte Geographie (DVAG e.V.) zusammen, die im November 1990 in Mainz als "Fachtagung zu interdisziplinären Fragestellungen der raumbezogenen Planungspraxis" stattfand.

IFK-Verlag Berlin
Postfach 30 36 42
1000 Berlin 30

ISBN 3-926752-23-8

MATERIAL ZUR ANGEWANDTEN GEOGRAPHIE

Die Vereinigten Staaten von Europa
Anspruch und Wirklichkeit
Band 21

Die Vereinigten Staaten von Europa, einer der weitreichendsten Politikentwürfe des zwanzigsten Jahrhunderts, waren Thema der Jahrestagung 1991 des Deutschen Verbandes für Angewandte Geographie, die vom 5. bis 8. Juni 1991 in Bonn stattfand.

Der gemeinsame Binnenmarkt 1992 bietet ungeahnte Chancen für die Menschen in ganz Europa. Allerdings ist der Anspruch an die zukünftigen Vereinigten Staaten von Europa sehr hoch, so daß in vielen Fällen Anspruch und Wirklichkeit auseinander klaffen. Diesem Phänomen widmeten sich mehr als zwanzig Referenten in den Arbeitsgruppen Städte und Regionen Europas, Wirtschaft in Europa, Umwelt in Europa und Europäischer Verkehr 2010.

Namhafte Vertreter aus Wissenschaft und Praxis, aus allen Ebenen der Verwaltung von Kommunen, Ländern, Bund bis hin nach Europa, aus Verbänden und Unternehmen referierten über ihre Sichtweise der anstehenden Chancen und Probleme in einem geeinten Europa. Dabei wurde der Blick nicht auf die EG-Mitgliedstaaten begrenzt, sondern auch die besondere Rolle der Nicht-EG-Länder (Ost- und Süd-Ost-Europa, Skandinavien) für den Bau des gemeinsamen europäischen Hauses berücksichtigt.

IFK-Verlag Berlin
Postfach 30 36 42
1000 Berlin 30

ISBN 3-926752-22-x